무역의 신

이기찬 무역소설

무역의 신

貿易之神

중앙경제평론사

머리말

나의 첫 직장은 율산실업이라는 종합상사였다. 내가 학교를 졸업할 당시에는 종합상사의 인기가 하늘을 찌를 때였다. 나는 무역에 특별히 관심이 있어서라기보다는 이왕이면 인기 있는 직장에 들어가고 보자는 단순한 생각으로 종합상사에 지원했다.

어찌 보면 얼떨결에 무역에 입문한 격이 되었지만 나는 곧 무역의 매력에 빠져들었다. 피부색이 다르고 문화가 다르고 언어도 다른 해외거래처를 상대로 거래를 성사시켰을 때 느끼는 성취감은 남달랐다. 업무상이긴 하지만 최고급 호텔을 들락거리고, 세계 각국을 돌아다니며 다양한 경험을 쌓는 특권을 누리기도 했다.

물론 무역을 하면서 힘들고 어려운 적도 많았다. 성사 직전까지 갔던 오더가 깨지기도 하고, 해결의 실마리가 보이지 않는 클레임 때문에 밤잠을 못 이룬 적도 많았다. 그런 어려움에도 불구하고 다시 태어난다고 해도 '무역인'으로 살고 싶다는 소망을 버릴 수가 없다. 무역만큼 매력적인 일거리를 찾기 어렵기 때문이다.

다양한 무역현장에서 일한 경험을 바탕으로 책을 쓰고 강의를 한지 어언 15년째, 딱딱한 이론보다는 현장에서 필요한 무역실무지식을 전달하고자 애를 썼지만, 머릿속에는 항상 초보자들이 좀 더 쉽게 무역을 이해할 수 있는 방법이 없을까 하는 생각이 떠나질 않았다.

《무역의 신》은 그런 고민 속에서 탄생한 책이다. 무역에 문외한인 주인공이 무역의 신으로 변모해 가는 과정을 소설의 형식을 빌려서 보여줌으로써 무역이 결코 어려운 것이 아니라는 확신을 심어주고 싶었다. 그러기 위해서 단순히 무역이 중요하다거나 배우기 쉽다는 원론적인 내용을 늘어놓는데 그치지 않고, 주인공이 실제로 무역을 배우고 무역거래를 성사시키는 과정을 사실적으로 묘사하고자 만전을 기했다.

독자들은 이 책을 읽는 동안 자신이 직접 무역현장에서 일하는 것과 같은 간접경험의 효과를 맛볼 것이며, 힘들이지 않고 무역의 전 과정을 이해할 수 있을 것이다. 또한 무역은 이론이 아니라 실전이라는 주장에도 고개를 끄덕이게 될 것이다.

우리나라 경제에서 무역이 차지하는 비중은 날이 갈수록 커지고 있다. 우리 주변에 수입품이 널려 있으며, 내로라하는 기업치고 해외시장에 진출하지 않는 기업을 찾아보기가 힘든 실정이다. 세계가 하나의 시장으로 통합되는 글로벌 경제시대에 더 이상 무역이 해외영업부서만의 전유물이 될 수 없다.

대부분의 기업들이 직간접적으로 무역거래에 연루되어 있는 상황에서 담당업무와는 상관없이 무역을 모르고서는 전체적인 업무의 흐름을 파악하기가 힘들게 되었다. 비단 기업뿐만 아니라 어떤 분야에서 일하든 무역을 모르고서는 우리나라의 경제를 제대로 이해하기가 힘든 상황이 전개되고 있다. 날이 갈수록 무역이 경쟁력이고 무역에 강한 사람이 성공한다는 주장이 힘을 얻을 것이다.

이 책이 기업체 임직원뿐만 아니라 다양한 분야에 몸담고 있는 사람들에게 좀 더 쉽게 무역을 이해할 수 있는 기회를 제공해 주기를 희망한다. 또한 이 책이 진로문제로 고민하는 이 땅의 수많은 젊은이들에게 무역을 통해서 꿈을 이룰 수 있는 희망의 도구로 사용되기를 기원해 본다.

무역은 가능성에 대한 무한한 도전이며, 글로벌 시대를 맞이하여 무역을 통해서 꿈을 이룰 수 있는 길은 도처에 널려 있다. 개인이든 기업이든 무역에 강한 자만이 살아남을 수 있는 무역 전성시대가 도래하고 있다.

이 책이 무역의 신을 꿈꾸는 모든 이들에게 좋은 길잡이가 되기를 기원해 본다.

| 차례 |

3장 기회의 땅, 뉴욕

4장 마지막 승부

프롤로그

위기에 처한 미래전자

미래전자 회의실의 분위기는 무겁게 가라앉아 있었다. 중역실 맞은편에 자리 잡은 회의실에는 각 부서의 부서장과 과장급 이상 직원들이 빼곡히 자리를 채우고 있었다. 회의는 여느 때처럼 최만호 전무의 발언으로 시작되었다.

"지난 달 영업실적이 말이 아닙니다. 3개월째 판매 신장률이 마이너스를 기록하고 있어요. 회사의 자금사정도 좋지 않고. 이대로 가면 정말 큰일입니다."

최 전무는 찌푸린 표정으로 회의실을 둘러보았다. 아무도 입을 열려고 하지 않았다.

"이 부장 생각은 어떤가?"

최 전무의 시선이 이송국 부장에게로 향했다. 이 부장이 난감한 표정을 지었다.

"영업책임자로서 해명이 있어야 할 것 아닌가?"

최 전무의 독촉에 이부장이 조심스레 입을 열었다.

"글쎄요. 영업실적이라는 것이 워낙 여러 가지 변수에 의해서 영향을 받는 것이라서……."

"그런 변수들을 분석하고 대책을 강구하는 것이 영업부에서 할 일 아닌가?"

최 전무의 추궁이 계속됐다.

"가장 큰 이유는 제이테크의 공격적인 마케팅 때문입니다. 수요는 한정되어 있는데 제이테크에서 워낙 세게 나오는 바람에……."

"세게 나오다니?"

"전무님께서도 아시다시피……."

이 부장이 최 전무를 걸고 들어갔다. 이미 다 알고 있는 얘기를 왜 물어보느냐는 투였다.

"벌써 몇 달째 제이테크에서 대대적으로 광고를 내보내고 있습니다. 신문, 방송은 물론 인터넷 매체에 이르기까지 막대한 광고를 집행하고 있습니다. 그뿐이 아닙니다. 보상판매에다 경품까지 내걸고 새로운 모델을 대대적으로 홍보하고 있는 상황입니다."

"광고라면 우리도 할 만큼 하고 있지 않나?"

최 전무도 물러서지 않았다.

"제이테크는 광고의 물량뿐만 아니라 내용면에서 우리를 압도하고 있습니다."

"광고 물량이야 그렇다 치고 내용면에서 우리를 압도한다는 게 뭔가?"

"지금 제이테크에서 집중적으로 내세우는 것이 미국시장에 성공적으로 진출했다는 겁니다. 광고마다 미국시장 진출 사실을 대대적으로 홍보하고 있습니다. 미국 소비자들이 사용할 정도의 제품이라면 믿고 구입해도 좋다는 인식을 심어주려는 전략으로 보입니다."

어느새 회의는 최 전무와 이 부장 간의 단독 대담 분위기로 흘러가고 있었다. 회의 참석자들이 지켜보는 가운데 최 전무의 질문에 이 부장이 답변을 늘어놓는 형국이었다. 얼핏 보면 청문회장의 분위기를 연상시켰다.

"그래서…… 대책이 뭔가?"

최 전무의 추궁이 이어졌다.

"제이테크의 기세를 꺾기 위해서는 맞불작전을 펼 수밖에 없습니다. 광고를 늘린다든지……."

"광고를 늘리는 건 힘들어. 지금 회사의 자금사정을 감안하면 오히려 광고비를 줄여야 하는 상황이야."

최 전무가 이 부장의 말을 잘랐다.

"우리도 해외시장에 진출하는 건 어떻습니까?"

이 부장이 갑자기 생각난 듯이 말했다.

"해외시장에 진출하다니?"

"제이테크의 경우를 봐도 해외시장 진출이 국내 판매에 가져다주는 효과가 적지 않습니다. 생산량 증가로 인한 원가절감 효과도 기대해 볼 수 있고요. 후발주자인 제이테크도 미국시장에 진출했는데 우리라고 못할 것 없지 않습니까?"

"아니, 이 부장. 생각을 좀 하고 말을 해. 해외시장에 진출하는 게 하루아침에 될 일이 아니잖아. 해외영업을 담당할 조직도 없고, 지금 시작한다고 해도 당장 오더를 따낸다는 보장도 없잖아. 공연히 해외시장에 진출한다는 명목으로 시간만 허비하기 십상이지. 지금 급한 건 해외시장 진출이 아니라 국내시장에서 추락하고 있는 시장점유율을 한시바삐 끌어올리는 거라고. 그게 영업부의 할 일이고."

회의는 최 전무의 일장훈시로 막을 내렸다.

1장 무역 전쟁의 서막

특명, 해외시장을 뚫어라

홍석진 대리는 구석진 테이블에 자리를 잡고 앉았다. 커피숍에는 빈자리가 많이 눈에 뜨였다. 아직 약속한 시간까지는 30분 이상이나 남아 있었다. 홍 대리의 가슴은 쿵쾅거렸다.

'현주를 다시 보게 되다니. 그동안 어떻게 변했을까……'

현주를 처음 본 것은 제대 후 복학해서 참석한 첫 수업에서였다. 강의실에 들어서는 현주를 보는 순간 숨이 멈춰버리는 것 같았다. 첫 눈에 반한다는 것이 바로 이런 것이구나 하는 생각이 들었다. 하지만 한동안 말 한마디 제대로 붙일 수가 없었다. 현주만 보면 왠지 모르게 숨이 가빠져서 아무 말도 생각나지 않았다.

평소엔 의식하지 못하다가도 현주 생각만 하면 자신이 한

없이 초라하게만 느껴졌다. 홀어머니 밑에서 어렵게 자란데다 내성적인 성격 때문에 어려서부터 열등감 속에 살아온 터였다. 그나마 군대생활을 통해서 조금 나아졌다고 생각했는데, 현주를 알고부터 예전의 열등감이 되살아났다.

처음 말을 붙인 것은 현주였다. 중간고사 때 우연히 옆자리에 앉게 되었는데 마침 준비했던 필기구가 망가져서 못쓰게 되자 옆자리에 앉은 석진에게 도움을 청했다. 석진은 그날 시험문제를 제대로 읽지 못할 정도로 흥분된 상태에서 시험을 치러야 했다.

한 번 말을 트고 난 후론 강의실이나 캠퍼스 내에서 마주칠 때마다 서로 아는 척을 했지만, 충분한 대화를 나눌 기회는 없었다. 소심한 성격의 석진은 먼저 말을 걸거나 다가가지도 못하고 혼자 애만 태우는 나날이 계속되었다.

그러는 사이에 현주에게 남자친구가 생겼다. 모든 면에서 석진과는 비교할 수 없을 정도로 완벽한 조건을 갖춘 그야말로 킹카 중의 킹카였다. 캠퍼스 내에는 개교 이래 최강의 커플이 탄생했다는 소문이 자자했다.

처음부터 현주를 과분한 상대라고 생각했던 석진은 오히려 마음이 편해져서 그 전보다 자연스럽게 현주를 대할 수 있었다. 애초부터 석진이 자신을 맘에 두고 있다는 것을 눈치 채지 못한 현주는 석진을 부담 없는 선배로 대했다.

졸업한 후로 현주를 다시 볼 기회는 없었다. 개인적으로 만날만한 사이도 아니었던 데다가 졸업생 모임에서도 얼굴을 볼 수 없었다. 오랜 세월이 흘렀지만 석진의 가슴 속에는 현주의 잔영이 떠나질 않았다.

회사 상황이 어려워진 것이 현주를 다시 만날 수 있는 계기가 될 줄은 꿈에도 몰랐다. 며칠 전 이종국 부장이 홍 대리를 찾았다.

"자네 전공이 영문학이지?"

"네. 그렇습니다."

"영어는 잘 하나?"

뜬금없는 질문이었다. 영문학을 전공했지만 졸업 후에 영어를 써본 기억이 없었다.

"그저 그렇습니다."

홍 대리가 자신 없는 목소리로 말했다.

"자네가 할 일이 생겼네."

"무슨 일입니까?"

"우리 회사 제품의 수출가능성을 알아보는 걸세."

"수출가능성을요?"

홍 대리가 되물었다. 국내영업 담당자더러 수출가능성을 알아보라니. 앞뒤가 맞지 않는 얘기였다.

"그냥 막연하게 수출가능성이 있다 없다 정도가 아니라 실제로 외국에 물건을 내다 팔 수 있는지를 확인해야 하네. 오더를 받아낼 수 있으면 더할 나위 없고. 시간이 없네. 서둘러야 해."

이 부장의 말이 빨라졌다. 중요한 얘기를 할 때 나오는 일종의 버릇이었다.

"부장님, 잠깐만요. 실제로 수출오더를 받으려면 최소한 무역이 어떻게 돌아가는지 정도는 알아야 할 것 아닙니까? 저는 무역의 '무'자도 모르는 데요."

"홍 대리도 알다시피 우리 회사엔 해외영업담당이 없지 않은가."

"그러니까 사람을 새로 뽑아야……."

"그럴 시간이 없어. 게다가 당분간 이 일은 비밀리에 추진해야 하네."

"비밀리에 추진하다뇨?"

"홍 대리와 나만 알고 있어야 한단 말이야."

이 부장의 말은 점점 이해하기가 어려웠다.

"특히 최 전무님 모르게 추진해야 하네."

"……."

"최 전무님은 해외시장 진출 건에 대해서 부정적인 시각을 갖고 있네. 국내영업도 제대로 못하면서 해외시장에 진출한답시고 시간만 허비할 때가 아니라는 거야. 아무튼 공개적으로 해외시장을 개척하기 힘든 상황이네."

"그래도 실제로 수출을 하려면 회사차원의 지원이 필요할 텐데요. 물건도 확보해야 할 거고."

"일단 수출오더가 확정되고 나면 지원을 요청해야지. 그때까지만이라도 비밀을 유지하자는 거야. 공연히 수출을 하겠다고 나섰다가 망신만 당할 수도 있으니 말일세."

"부장님 말씀은 잘 알겠는데요. 제가 무역에 대해 뭘 알아야죠."

"주변에 도움을 받을 만한 사람이 없는지 잘 생각해 보게. 아무튼 자네만 믿겠네."

이 부장이 서둘러 말을 끝냈다.

홍 대리의 머리는 무거웠다. 소심하고 소극적인 성격 탓에 국내시장을 개척하는 데도 애를 먹고 있는데, 해외시장을 개척하라니. 해외영업이라는 것이 무조건 부딪쳐 본다고 될 일도 아니지 않는가? 무역거래에 대한 기본적인 지식도 없는 상태에서 어떻게 해외시장을 개척한단 말인가?

한동안 막막한 심정으로 고민하던 홍 대리는 일단 책을 통해서라도 무역이 어떻게 돌아가는지 알아보기로 했다. 퇴근길에 들린 서점은 많은 사람들로 북적거렸다. 여기저기를 두리번거리다가 '무역'이라는 팻말이 붙어있는 서가를 발견했다. 서가에는 대학교재에서부터 수험서에 이르기까지 각종 무역관련 서적들이 빼곡하게 꽂혀있었다.

무역실무 책을 뒤적이던 홍 대리의 입에서는 이내 한숨이 흘러나왔다. 책의 두께부터 만만치가 않았다. 대부분의 책들이 500페이지를 훌쩍 넘겼고 1,000페이지가 넘는 책까지 있었다. 그뿐이 아니었다. 책의 내용은 얼마나 어려운지, 아무리 정신을 집중해서 읽어도 무슨 말인지 이해가 가질 않았다. 그야말로 고시공부가 따로 없었다.

이렇게 어려운 내용을 다 이해해야 한다고 생각하니 눈앞이 캄캄했다. 당장 해외시장을 개척해야 하는 판국에 언제 책을 통해서 무역을 배운단 말인가.

결국 홍 대리는 책을 통해서 무역을 배우는 것을 포기할 수밖에 없었다. 이제 남은 방법은 하나밖에 없었다. 그야말로 무역에 통달한 귀인을 만나서 속성으로 족집게 과외를 받는 것이었다. 하지만 어디서 그런 귀인을 만난단 말인가?

몇 군데 허탕을 치고 꽤 유명한 대기업 해외영업부에 다니는 대학동창 박민호에게 자초지종을 이야기하고 도움을 청했다.

"내가 도와주면 좋겠지만 지사발령을 받은 상태라……."

"다른 동창 중에 무역 일을 하고 있는 친군 없을까?"

"글쎄. 내가 알기로는 없는 것 같다. 조병서가 무역회사에

다니지만 무역 일이 아니라 기획 일을 하고 있거든."

"……."

홍 대리의 표정이 어두워졌다. 그때 민호의 입에서 낯익은 이름이 튀어나왔다.

"참, 현주를 만나보지 그래. 현주 알지?"

"그래…… 어? 현주가 무역회사에 다녀?"

동창 사이에서도 졸업 후 현주의 행적에 대해서 아는 사람이 별로 없었다. 동창 모임에서 몇 번 확인해 보았으나 정보가 구구하였다. 졸업 후에 바로 결혼했다는 둥, 미국으로 유학을 떠났다는 둥. 그런데 학교 다닐 때 별로 친하지도 않았던 민호가 현주 애기를 꺼낸 것이다.

"모르고 있었어? 현주 아버님이 자타가 인정하는 무역 전문가잖아."

"전문가라니?"

"종합상사를 비롯해서 무역현장에서만 30년간 활동하신 분이지. 무역에 관한 책도 여러 권 집필하고, 강의경력도 화려할 뿐만 아니라 개인 웹 사이트를 통해서 무역초보자들의 고민을 해결해주는 무역연구소 소장이기도 하지. 한마디로 이론과 실전을 겸비한 최고의 무역전문가야."

"그러니까 현주 아버님한테 도움을 청해보라는 거야?"

"무역을 아주 쉽게 가르친다고 소문이 자자해. 한두 시간만 설명을 듣고도 당장 무역을 할 수 있을 정도로 말이야. 문제는 이 분이 더 이상 강의를 하지 않는다는 거야. 강의를 그만 두고 집필에만 몰두하는 것 같아."

"그렇게 대단한 분을 내가 어떻게 만나냐? 설사 만난다 하더라도 무역을 배울 수 있겠어?"

"그러니까 현주를 만나보라는 거 아냐. 무남독녀인 현주의 부탁이라면 들어주지 않겠어?"

홍 대리의 가슴이 두근대기 시작했다. 현주의 소식을 들은 것만으로도 가슴이 뛰는 일인데 부탁을 핑계로 만날 수 있다니. 당장이라도 현주에게 연락을 하고 싶었지만 민호에게 마음을 열어 보이기는 싫었다.

"그래도 오랫동안 왕래가 없다가 갑자기 만나자고 해서 도움을 청한다는 게 좀……."

홍 대리가 말꼬리를 흐렸다.

"글쎄 그렇긴 한데…… 네가 워낙 급하다고 해서."

"혹시 혼자서 공부할만한 책은 없을까?"

마음속으로는 현주를 만나야겠다는 생각을 굳혔으면서도 말을 돌렸다.

"다른 것도 마찬가지지만 무역을 책으로 배워서 한다는 것이 쉬운 일이 아냐. 시행착오도 많이 겪어야 하고. 물론 독학으로 배우는 게 불가능한 건 아니지만 아무래도 무역전문가에게 직접 가르침을 받는 것만 하겠어?"

홍 대리는 말없이 고개를 끄덕거렸다.

"참, 그분이 현주 아버님이란 걸 어떻게 알았냐?"

홍 대리가 갑자기 생각난 듯이 물었다.

"얼마 전에 신문에 난 기사 못 봤어?"

"무슨?"

"포털 사이트에도 크게 떴었는데."

"글쎄, 무슨 기사냐니까?"

홍 대리가 채근했다.

"현주 인터뷰 기사가 났어."

"인터뷰?"

"현주가 미국 유명 방송사의 서울 특파원으로 일하고 있더라고. '알파걸'을 다룬 기획기사였는데, 기사 말미에 현주가 나승환 소장의 외동딸이라는 얘기가 나와. 아무튼 현주를 만나서 나쁠 건 없을 거야. 근데 너 학교 다닐 때 현주 좋아하지 않았냐?"

민호가 의미심장한 미소를 지었다.

현주는 약속시간이 한참 지나서야 헐레벌떡 나타났다. 긴 생머리에 날렵한 몸매하며 학교 다닐 때 모습 그대로였다.

"하나도 안 변했네."

홍 대리가 먼저 말을 꺼냈다.

“선배도 그대로야.”

“머리숱이 많이 없어진 거 같지 않아?”

홍 대리가 멋쩍은 표정을 지었다. 막상 현주를 앞에 놓고 보니 무슨 말부터 꺼내야 할지 생각이 나질 않았다. 이젠 다 잊었다고 생각했었는데, 오래 전의 감정이 스멀스멀 되살아났다.

“늦어서 미안해. 대신 저녁은 내가 살게.”

현주에게 전화를 걸 때만 해도 자신을 기억이나 할까 하는 걱정이 앞섰다. 하지만 그건 기우에 불과했다. 현주는 홍 대리의 목소리를 듣자마자 반색을 했다. 무슨 용건인지 물어보지도 않고 당장 만나자고 했다. 홍 대리는 모든 것이 꿈만 같았다.

“졸업하자마자 미국으로 갔어.”

“유학을 간 거야?”

“응. 거기서 운 좋게도 현지 방송사에 취직이 됐어.”

“언제 귀국한 거야?”

“작년에. 오랜만에 돌아와 보니 친구도 없고 많이 외롭더라고.”

홍 대리는 예전에 사귀었던 남자친구와는 어떻게 됐냐고 물을까 하다가 그만 두었다.

"슬슬 사람들을 만나봐야겠다고 생각하던 차에 선배 전화를 받은 거야."

얘기를 듣고 보니 현주가 자신의 전화를 반겼던 이유를 알 수 있을 것 같았다.

"근데 어쩐 일로 날 찾은 거야?"

"그게……."

홍 대리는 잠시 머뭇거리다 나승환 소장의 도움이 필요한 상황을 설명했다.

"그러니까 아빠를 만나게 해달라는 거네."

"오랜만에 만났는데 부탁부터 해서 미안해."

"아빠 일이라면……."

현주가 말꼬리를 흐렸다. 왠지 내켜하지 않는 표정이었다.

"힘들면 그만 두고."

홍 대리가 현주의 눈치를 살폈다.

"아냐. 일단 얘기해 볼게."

그렇게 말하면서도 현주의 표정은 밝지 않았다.

"실은 아빠와 따로 살아."

"어디 사시는데?"

"가평 쪽에 있는 전원주택에서 혼자 지내셔. 특별한 일이 없으면 시내에 나오시지도 않고."

"그럼 언제 날을 잡아서 같이 뵈러 가면 어떨까?"

"그건 좀 이상할 것 같아. 나랑 같이 가면 선배가 무역을 배우는 데도 방해가 될 거고. 아무튼 아빠한테 말해보고 연락해 줄게."

"은혜 잊지 않을게."

"은혜는 무슨. 아무튼 선배가 하는 일이 잘 되면 좋겠다."

현주의 목소리가 밝게 울려 퍼졌다.

홍 대리의 머릿속에는 커피숍에서 마주앉아 있던 현주의 모습이 떠나지 않았다. 학교 다닐 때 청순하면서도 발랄했던 모습에 커리어우먼의 지적이고 세련된 분위기까지 더해져서 더욱 매력적으로 변해 있었다. 그런 현주와 단둘이서 만났다는 사실이 꿈만 같았다.

"무슨 생각을 그렇게 골똘히 해?"

누군가 홍 대리의 어깨를 쳤다. 입사 동기인 방진영 대리였다. 홍 대리와 달리 성격이 외향적이고 사교적이어서 스스로 영업체질이라고 떠들고 다니는 친구였다.

"보고서는 다 작성했어?"

방 대리가 물었다.

"아직……."

"최 차장님이 재촉하던데."

최성식 차장은 미래전자 내 최고참 차장으로 이종국 부장에 이어 영업부의 2인자로 행세하고 있는 인물이었다. 이름 때문인지 한때 최만호 전무와 인척관계라는 소문이 나돌기도 했으나 확인된 바는 없었다. 최 차장은 이 부장을 제치고 최만호 전무로부터 직접 지시를 받는 경우가 많았다.

보고서만 하더라도 최 전무가 최 차장에게 직접 지시한 사항이었다. 영업부 차원에서 판매부진 사유와 대처방안을 보고서로 작성해서 제출하라는 지시였다. 이미 회의석상에서 거론됐던 문제를 별도의 보고서로 제출하라고 지시한 것은 이 부장에 대한 불신에서 비롯된 측면이 컸다.

홍 대리는 영업부진을 타개하기 위한 방안의 하나로서 해외시장을 개척하려는 계획을 방 대리에게 털어놓을까 하다가 그만 두었다. 당분간 비밀을 유지하라는 이 부장의 당부가 아니더라도 지금 시점에서 특별히 얘기할 만한 내용도 없었다.

무역의 달인으로 통하는 나승환 소장을 만난다고 해서 하루아침에 해외시장에 진출할 수 있는 길이 열릴 리 만무했다. 홍 대리는 거래처를 방문한다는 핑계를 대고 사무실을 나섰다. 발걸음이 무거웠다.

귀인을 만나다

"목적지에 도착했습니다. 안내를 종료합니다."

홍 대리는 내비게이션의 안내에 따라 차를 멈췄다. 인적이 드문 산 중턱 한 편에 자리 잡은 아담한 전원주택이 눈에 들어왔다. 홍 대리는 차에서 내려 뒷좌석에 싣고 온 과일바구니를 꺼내들었다. 약간 경사진 길을 따라 올라가자 어른 키의 절반 정도 밖에 되지 않는 낮은 울타리가 나타났다. 울타리 한쪽 편에는 나무로 만든 대문이 있었다. 대문을 통과해서 한참을 걸어가자 현관이 나타났다.

"어서 오세요."

나승환 소장이 반갑게 맞았다.

"찾는 데 힘들지는 않았어요?"

"내비게이션 덕분에……."

"어려워하지 말고 자리에 앉으세요."

나 소장이 기역자로 배치된 소파를 가리켰다. 거실은 잘 정돈되어 있었다. 벽면 가득히 책들이 들어 차 있어서 거실이라기보다는 서재와 같은 분위기가 물씬 풍겼다.

"말씀 낮추세요. 현주와 대학을 같이 다녔는데요."

"그건 현주한테 들었는데……."

나 소장은 잠시 뜸을 들이더니 단도직입적으로 물었다.

"무역을 배우겠다고?"

"네. 소장님."

"무역이라면 나를 찾지 않고도 배울 수 있는 방법이 많을 텐데."

"사정이 좀 급해서요."

"현주에게 대충 얘기를 들었네. 회사에서 갑자기 무역 일을 맡게 됐다고. 참, 현주하고는 어떤 사인가?"

"……."

예상치 못한 질문에 홍 대리가 당황한 표정을 짓자 나 소장이 다시 말을 꺼냈다.

"생전 남자친구 얘기가 없던 애가 갑자기 자네 얘길 꺼내서 말일세."

"아, 그게……."

홍 대리가 말꼬리를 흐렸다.

"아무튼 잘 부탁하네. 오랫동안 객지에서 혼자 살아서 외로운 아이라네."

"걱정 마십시오."

"자, 우선 자네가 처한 상황부터 말해보게. 급한 사정이라는 게 뭔가?"

홍 대리는 나 소장에게 궁지에 몰린 회사를 살리기 위해서 단시일 내에 해외시장을 개척해야 하는 사정을 늘어놓았다.

"그러니까 앞으로 자네가 나서서 해외시장을 개척해 보겠다는 건가?"

"네. 그렇습니다."

홍 대리는 머리를 긁적거리며 대답했다.

"무역에 대해서 공부해 본 적은 있나?"

"전혀 없습니다."

"무역 업무를 접해본 적은?"

"없습니다."

"무역에 대해서 완전 문외한이라는 얘기군."

"그렇습니다."

"그렇다면 잘 왔네."

"네?"

홍 대리가 의아한 표정을 지었다.

"어설프게 아느니 아예 백지상태인 사람을 가르치기가 훨씬 쉬운 법이라네."

"그럼 절 제자로 받아주시는 겁니까?"

"누구 부탁인데 거절할 수 있겠나? 허허."

나 소장이 호탕하게 웃었다.

"근데 오늘 하루 동안 배워서 당장 해외거래처를 상대할 수 있나요?"

홍 대리가 걱정스런 표정을 지었다.

"걱정 말게. 무역을 안 해본 사람들은 무역하면 굉장히 어려울 것이라고 지레 겁을 먹지만 실제로 해 보면 별거 아니라네."

"별거 아니라뇨. 책에서 설명해 놓은 걸 보니까 엄청 복잡하고 이해도 잘 안 되던데요."

"그건 대부분의 책들이 지나치게 이론적이거나 지엽적인 내용까지 다루고 있어서 그런 걸세. 내용이 복잡한 책일수록 무역현장 경험이 없는 학자들이 쓴 책일 가능성이 높네. 지금 우리나라 무역교육의 가장 큰 문제점이 뭔지 아나? 바로 무역현장 경험이 전혀 없는 학자들이 책을 쓰고 강의를 한다는 걸세. 현장경험이 없다보니 현장에서 필요하지도 않은 이론이나 지엽적인 내용에 집착하기 십상이지. 무역현장 경험이 없는 사람들이 무역을 가르친다는 건 실제로 요리를 해본 적이 없는 사람들이 요리를 가르치는 것과 무엇이 다르겠나. 그러니까 학교에서 무역을 전공한 학생들조차 회사에 들어가면 새로 무역을 배워야 하는 웃지 못할 상황이 벌어지는 걸세. 정말 웃기는 일이지."

나 소장은 무역교육의 문제점에 대해서 신랄한 비판을 늘어놓았다.

"물론 학교라는 곳이 실무보다는 학문을 연구하는 곳이라는 건 인정하네. 하지만 대부분의 학생들이 학문적으로 연구하기 위해서가 아니라 무역현장에서 일하기 위해서 무역을 배운다는 현실을 직시할 필요가 있네."

나 소장은 잠시 숨을 돌리며 홍 대리의 눈치를 살폈다.

"내가 좀 흥분했구먼. 자네가 책 얘기를 꺼내는 바람에. 어쨌든 무역을 학문적으로 연구하기 위한 목적이 아니라면 결코 어렵게 생각할 필요가 없네. 지금 자네가 무역을 배우려는 목적이 뭔가?"

"……."

"해외바이어를 개발해서 물건을 팔려는 거 아닌가. 그렇다면 어떻게 바이어를 개발하고 어떻게 거래를 성사시켜서 물건을 수출하는지만 알면 되지 않겠나."

홍 대리는 말없이 고개를 끄덕거렸다.

"그게 알고 보면 정말 별거 아니라네."

나 소장은 홍 대리를 데리고 집 밖으로 나갔다. 현관을 돌아가니 야외용 식탁과 의자가 있었다. 산바람이 살랑거리는 것이 도시의 찌든 때를 씻어주는 것 같았다. 공부보다는 정담을 나누며 고기나 구워먹는 것이 어울릴만한 곳이었다.

“가벼운 마음으로 시작하는 게 좋을 것 같아서 이곳으로 나왔네.”

“공부만 하기엔 아까운 곳이네요.”

홍 대리가 주변을 둘러보며 말했다.

“자넨 왜 진작 무역을 공부해 두지 않았나?”

나 소장이 물었다. 느닷없는 질문이었다.

“저는 국내영업 담당인데요.”

홍 대리가 질문의 의도를 이해하지 못하겠다는 듯이 의아한 표정을 지었다.

“해외영업 담당자만 무역을 공부해야 한다는 건 잘못된 생각일세.”

“…….”

“지금 우리는 글로벌 시대를 살고 있지 않은가. 글로벌 시대엔 전 세계를 하나의 시장으로 봐야 하네. 경제적으로는 국경의 의미가 급속도로 퇴색하고 있기 때문이지. 글로벌 시대에 국내시장과 해외시장을 구분하는 것부터가 잘못된 생각일세.”

나 소장의 목소리가 조금씩 커지기 시작했다.

"우리나라에서 내로라하는 기업치고 해외시장에 진출하지 않은 기업이 있으면 나와 보라고 하게. 삼성전자에서 생산하는 휴대폰이나 현대자동차에서 생산하는 자동차도 국내에서보다 해외에서 훨씬 더 많이 팔리고 있는 것이 엄연한 현실일세. 무역을 빼고는 우리나라의 경제를 논할 수가 없는 상황이네. 그래서 '무역이 경쟁력이다'라거나 '무역에 강한 사람이 성공한다' 같은 주장이 나오게 된 거지."

"무역에 강한 사람이 성공한다고요?"

홍 대리가 되물었다.

"그렇고말고. 우리 경제에서 무역이 차지하는 비중이 절대적인 상황에서 무역을 모른다는 건 그만큼 경쟁력이 떨어진다고 봐야지. 대부분의 회사가 직간접적으로 무역거래에 연루되어 있는 상황에서, 기획 일을 하든 회계 일을 하든 최소한 무역이 어떻게 돌아가는지 정도는 알아야 하지 않겠나?"

나 소장은 잠시 홍 대리의 반응을 살피더니 말을 이었다.

"이건 비단 회사원에 국한된 문제가 아닐세. 이제 어떤 분야에서 일하든지 무역을 모르고서는 우리나라의 경제를 제대로 이해하기가 힘들 정도가 되었네. 무역에 강한 사람이 성공한다는 말이 결코 빈말이 아니란 말일세."

"소장님 말씀을 듣고 보니 무역을 배우러 오길 잘했다는 생각이 드네요."

"자. 서론은 그 정도로 하고 이제 본격적으로 무역공부를 시작해 보세."

나 소장이 목소리를 가다듬었다.

"우선 여기 적혀 있는 네 가지 용어를 기억해 두게."

나 소장은 미리 준비한 강의노트를 꺼내서 식탁 위에 펼쳐 놓았다. 거기에는 FOB, CIF, T/T, L/C라고 적혀 있었다.

"FOB하고 CIF는 일반적인 무역거래에서 사용하는 거래조건이네."

"거래조건이 뭐예요?"

"가격을 정하는 조건이라고 할 수 있지. 즉 가격에 어디까지의 비용과 위험을 포함시키느냐를 정해놓은 걸세."

"좀 더 알기 쉽게 설명해 주세요."

"국내에서 물건을 사고 팔 때도 가격에 배송료를 포함시킬 수도 있고 포함시키지 않을 수도 있지 않은가. 마찬가지로 FOB 조건은 가격에 선적항에서 물건을 실을 때까지의 비용만 포함시킨 것이고, CIF 조건은 도착항에 물건이 도착할 때까지의 비용이 포함된 조건이라네."

"그럼 무역거래를 하기 위해서 가격을 표시할 때는 거래조건을 함께 표시해야 하겠네요?"

"그렇지. 예를 들어 FOB Busan이라고 하면 부산항에서 물건을 선적할 때까지의 비용만 포함시킨다는 뜻이고, CIF New York이라고 하면 물건이 뉴욕항에 도착할 때까지의 비용, 즉 뉴욕항까지의 운임과 보험료까지를 포함시킨다는 뜻이지."

"T/T와 L/C는 뭔가요?"

"무역거래에서 사용하는 결제방식이라네. T/T는 Telegraphic Transfer의 약자로서 상대방의 은행계좌로 물품대금을 송금하는 방식이고, L/C는 Letter of Credit의 약자로서 신용장이란 뜻이지."

"신용장이 뭐예요?"

"신용장이란 수입자를 대신해서 수입자의 거래은행에서 수출자에게 물품대금을 지급하겠다고 약속하는 증서일세. 수출자는 은행을 믿고 물건을 선적한 다음에 선적서류를 챙겨서 은행에 제출하고 물품대금을 지급받으면 되고, 수입자는 물품대금을 지급하고 선적서류를 인도받아서 선박회사로부터 물건을 인수하면 되는 거네."

"대충은 알아듣겠는데 조금 알쏭달쏭하네요."

"실제로 신용장거래를 한 번만 해보면 확실하게 이해가 될 테니까 너무 걱정하지 않아도 되네. 일단 신용장이 뭐라는 거 정도만이라도 기억해 두게."

"그밖에 더 알아야 할 무역용어는 없나요?"

"우선은 이 정도만 알아도 일반적인 무역거래를 하는 데 큰 문제는 없을 걸세."

나 소장은 말을 마치고 홍 대리의 눈치를 살폈다.

"왜 믿어지지가 않나?"

"무역실무 책에는 엄청나게 많은 무역용어가 나오던데요."

홍 대리가 미심쩍은 표정으로 말했다.

"원래 무역거래라는 것이 품목이나 거래방식에 따라 워낙 다양한 형태로 진행이 되기 때문에 책에 등장하는 무역용어가 많을 수밖에 없네. 중요한 것은 대부분의 일반적인 무역거래에서는 그중에서 극히 일부분의 용어만이 사용된다는 걸세. 예를 들어 국제상업회의소(ICC)에서 제정한 인코텀즈(Incoterms)에서는 모두 열한 가지 거래조건에 대해서 규정해 놓았지만, 무역현장에서는 주로 FOB 아니면 CIF 조건을 사용하지. 결제방식도 마찬가지네. 책에서는 수없이 많은 결제방식에 대해서 설명하고 있지만, 일반적인 무역거래는 거의 대부분 T/T나 L/C로 결제가 이루어진다네."

"그러니까 처음부터 책에 나오는 모든 무역용어를 공부할 필요가 없다는 말씀이세요?"

"그런 얘기가 아닐세. 많이 알아서 나쁠 건 없지만 책에 나오는 모든 무역용어를 마스터하지 않더라도 얼마든지 무역을 할 수 있다는 뜻이지."

"소장님 말씀을 들으니 조금 안심이 되네요. 어느 세월에 책에 나오는 내용을 다 이해할 수 있을까 하고 걱정이 많았거든요."

"그럼 잠시 쉬었다가 실제로 무역을 어떻게 하는지를 알아보기로 하세."

나 소장은 자리를 정리한 다음 차를 내왔다.

"대만에 있는 친구가 보내준 걸세. 대만차 중에서도 아주 귀한 거라고 하더군."

"대만에도 친구가 계세요?"

"그럼. 대만뿐 아니라 전 세계 도처에 친구가 널려 있다네."

홍 대리가 짐짓 놀라는 표정을 지었다.

"놀라긴. 30년 동안 무역 일을 했는데."

"30년이나 무역 일을 하셨으면 기억에 남는 일도 많으시겠네요."

"많다 뿐인가. 첫 오더를 받았을 때의 감격, 일이 꼬여서 해결의 기미가 보이지 않을 때의 막막함, 대형거래처와의 협상에 성공했을 때의 기쁨, 정들었던 거래처와의 이별. 지나고 보니 지금은 다 소중한 추억으로 남아 있다네."

"후회되는 건 없으세요?"

"왜 없겠나. 처음부터 다시 시작한다면 훨씬 더 잘할 수 있을 텐데 하는 아쉬움을 떨쳐버릴 수가 없다네. 뭐, 인생이 다 그런 거 아니겠나."

나 소장은 감회어린 눈으로 산자락을 내려다보았다. 어느새 땅거미가 지고 있었다.

"무역거래를 하기 위해서 가장 먼저 해야 할 일은……."

나 소장이 다시 천천히 입을 열었다.

"아이템과 거래처를 개발하는 걸세."

"저희 회사는 이미 수출할 아이템이 정해져 있으니까 바이어만 개발하면 되겠네요. 바이어는 어떻게 개발하나요?"

"바이어를 개발하기 위해서는 취급품목이나 상대국, 거래형태 등에 따라 다양한 방법을 동원해야 하네. 우선 손쉽게 활용할 수 있는 것이 인터넷이지. 알리바바(www.alibaba.com), 이씨21(www.ec21.com), 이씨플라자(www.ecplaza.net) 등과 같은 인터넷 무역거래 알선 사이트를 통해서 바이어를 개발할 수 있다네."

나 소장의 설명에는 군더더기가 없었다.

"인터넷 말고는 방법이 없나요?"

"KOMPASS(www.kompass.com)와 같이 전 세계 무역업체들의 정보를 책으로 묶어 놓은 디렉토리를 이용할 수도 있고,

무역협회(www.kita.net)나 KOTRA(www.kotra.or.kr)와 같은 무역 관련기관에서 제공하는 정보를 활용할 수도 있지. 또한 전 세계 각국에서 열리는 전시회를 통해서 바이어를 개척할 수도 있다네."

"실제로 그런 방법을 통해서 바이어를 개발하는 것이 어렵지는 않나요?"

"바이어를 개발하는 건 어렵지 않지만, 문제는 제대로 된 바이어를 만나기가 힘들다는 거지."

"왜죠?"

"생각해 보게. 구매력이 있고 믿을만한 바이어라면 이미 거래하고 있는 거래처가 있을 거 아닌가? 그런 바이어들이 뭐가 아쉬워서 잘 알지도 못하는 상대와 새로 거래를 트려고 하겠나?"

나 소장의 말을 듣고 보니 당장 거래를 틀만한 바이어를 만난다는 것이 여간 힘든 일이 아니란 생각이 들었다. 그렇다고 막연히 유력 바이어가 나타나기만을 기다릴 수도 없는 상황이었다.

"처음부터 너무 잘하려고 하지 말고 일단 부딪쳐보게. 이런 저런 방법을 동원하다 보면 해결의 실마리가 보일 걸세."

나 소장이 홍 대리의 표정을 읽고 말했다.

"바이어를 개발했다고 치고 그 다음에 해야 할 일은 무엇인가요?"

홍 대리가 물었다.

"협상을 통해서 계약조건에 합의해야지."

"계약조건이라면?"

"품명(description), 수량(quantity), 가격(price), 거래조건(trade terms), 포장(packing), 선적항(shipping port), 목적지(destination), 선적기일(shipment), 결제방식(payment) 등과 같이 계약의 핵심이 되는 조건을 일컫는 말일세."

"품명이나 수량, 포장, 선적조건들은 바이어와 상담을 하다보면 쉽게 합의할 수 있을 것 같은데요."

"그렇지. 계약조건 중에서 가장 합의하기 힘든 것이 가격과 결제방식이지. 그래서 무역 일을 시작하기 전에 가격을 정하는 기준이 되는 거래조건과 결제방식에 대해서 집중적으로 공부해 둘 필요가 있네. 자네는 이미 FOB, CIF, T/T, L/C 등과 같이 일반적인 무역거래에서 주로 사용하는 거래조건과 결제방식에 대해서 배웠으니, 계약조건에 대해서 크게 걱정할 필요가 없네."

"모든 계약조건에 합의가 이루어지면 그 다음엔 무엇을 하나요?"

"합의된 내용대로 계약을 이행하면 되네."

"좀 더 구체적으로 말씀해 주세요."

"수출자는 계약과 일치하는 물건을 보내주고, 수입자는 합의된 결제방식에 따라서 대금을 지급하는 걸세."

"물건을 외국으로 내보내려면 절차도 복잡하고 챙겨야 할 것이 많을 것 같은데요."

"그건 걱정할 필요 없네. 우리가 해외여행을 할 때 여행사의 도움을 받듯이 무역운송과 관련된 모든 업무는 포워더(운송주선인)의 도움을 받아서 처리할 수가 있다네. 그뿐이 아닐세. 운송 도중의 사고를 보상해 주는 적하보험은 보험회사에 맡기면 되고, 통관과 관련한 모든 업무는 관세사에서 대신 처리해 준다네."

"그럼 운송, 보험, 통관과 관련한 용어나 절차는 따로 공부하지 않아도 되나요?"

"물론 알아서 나쁠 건 없지. 하지만 자세한 내용을 몰라도 물건을 내보내거나 받는 데 큰 문제는 없으니 너무 걱정할 것 없네."

"설명을 듣고 보니 무역이 정말 별거 아니라는 생각이 드네요."

"그렇다네. 중요한 건 무역업무 자체야 어려울 것이 없지만 믿을만한 바이어를 만나서 제대로 된 오더를 받는 것이 쉬운 일이 아니라는 거지."

설명을 마친 나 소장이 자리에서 일어섰다. 홍 대리도 따라 일어서며 기지개를 켰다. 나 소장이 앞장서서 집 주변을 걷기 시작했다. 여기저기 이름을 알 수 없는 야생화들이 저마다 자태를 뽐내고 있었다.

나 소장을 찾아오길 잘했다는 생각이 들었다. 불과 한 시간도 되지 않아 무역의 기본적인 흐름을 이해하게 되었다는 것이 믿겨지지 않았다. 모든 것이 현주 덕분이었다.

"어떻게 이런 곳에서 혼자 사실 생각을 하셨어요?"

나 소장을 따라 걷던 홍 대리가 조심스레 물었다. 처음 도착했을 때부터 줄곧 머릿속을 맴돌던 질문이었다. 인적이 드문 산골에서 혼자 산다는 것이 결코 쉬운 결정은 아니었을 것이라는 생각이 들었다.

"현주가 얘기하지 않던가?"

한참만에야 나 소장이 입을 열었다. 현주는 학교 다닐 때부터 집안 얘기를 하지 않았다. 가족 얘기를 주고받을 만큼 친한 사이도 아니었다. 아버지가 그 유명한 나승환 소장이라는 것도 다른 사람의 입을 통해서 알게 된 사실이었다.

"현주에게는 좋은 애비가 아니었다네."

나 소장의 목소리가 낮게 깔렸다.

"사업을 한답시고 집안 식구들을 제대로 챙기지 못했지. 집에 있는 날보다 해외를 돌아다닌 날이 더 많았다네. 오더를 따는 데만 혈안이 돼서 집안이 어떻게 돌아가는지 돌아볼

겨를이 없었지. 현주 엄마가 얼마나 힘든 생활을 했는지 나중에야 알게 되었네. 무역으로 자리를 잡는다는 게 쉬운 일이 아니거든. 나야 당장 벌이가 없어도 언젠가는 잘 풀릴 거라는 희망을 가지고 버텼지만 가족들의 입장에선 불안하기 짝이 없는 상황이었지. 아내가 병으로 쓰러지고 나서야 내가 얼마나 가족에게 무심했던가를 깨닫게 되었네."

나 소장은 물어보지도 않은 얘기를 주절주절 늘어놓았다. 목소리에는 지나간 세월에 대한 진한 회한이 배어 있었다.

"아내를 떠나보내고 한동안 심한 우울증에 시달렸네. 무역 일만 안 했어도 아내를 잘 건사했을 거라는 데 생각이 미치자 더 이상 무역 일을 하기가 싫어졌지. 그 길로 회사를 정리하고 산 속으로 들어온 걸세."

"제가 공연한 질문을 해서……."

홍 대리가 미안한 표정을 지었다.

"아닐세. 혼자 가슴 속에 묻어두었던 얘기를 쏟아놓았더니 후련하구먼. 현주에겐 모른 척 하게."

어느덧 시간이 많이 흘렀다. 홍 대리는 나 소장에게 거듭 고마운 마음을 전하고 돌아갈 채비를 했다. 나 소장이 문 앞까지 따라 나오며 말했다.

"기억하게. '무역은 이론이 아니라 실전'이라는 걸. 아무리 이론적으로 완벽하게 준비했다고 해도 제대로 된 오더 하나 성사시키지 못하고 끝날 수도 있고, 비록 이론적으로는 완벽하지 못하다고 해도 실전에서 두각을 나타낼 수도 있는 법이라네."

'무역은 이론이 아니라 실전이다'

나 소장의 말이 가슴에 와 닿았다. 이제 무역의 기본적인 흐름은 이해했으니 한 번 부딪쳐 보자. 미래전자의 운명이 달린 일이 아닌가. 홍 대리는 자신도 모르게 두 주먹을 불끈 쥐었다. 어느새 어둠이 몰려오고 있었다.

풀리지 않는 실마리

“컴인.”

제이테크 사장실에서 유창한 영어발음이 흘러나왔다. 변종수 상무는 잠시 호흡을 가다듬은 후 안으로 들어섰다.

“어서 오세요.”

허준표 사장이 환한 웃음을 지으며 악수를 청했다.

“업무를 파악하는 데 어려움은 없으셨습니까?”

“전혀 없었습니다. 직원들이 하나같이 똘똘하더군요.”

말을 내뱉고 나서 변 상무는 똘똘하다는 표현이 적합지 않았다는 생각이 들었다.

“하하. 저희가 사람을 뽑을 때 좀 까다로운 편이라서요. 저희 회사의 해외시장 진출현황에 대해선 어떻게 생각하십니까?"

"큰 문제는 없는 것 같습니다. 다만 시장이 너무 미국에 집중되어 있어서 장기적으로 시장을 다변화시킬 필요가 있을 것 같습니다. 다양한 수요층에 어필하기 위해서 모델도 좀 더 늘리는 것이 좋을 것 같고요. 시장에 따라서는 유능한 현지 에이전트를 활용할 필요도 있을 것 같습니다. 지금 해외시장 활성화 방안을 준비 중이니까 이번 주 안에 보고 드리도록 하겠습니다."

"상무님만 믿겠습니다."

"걱정 마십시오. 최선을 다하겠습니다."

변 상무가 사라지는 뒷모습을 지켜보면서 허 사장은 회심의 미소를 지었다. 이제 본격적으로 회사를 키울 수 있는 발판이 마련된 셈이었다. 변종수 상무는 한성그룹 내에서도 최고의 해외영업통으로 인정받은 인물이었다. 20년 이상 해외시장을 누비며 한성그룹의 모기업인 한성실업을 국내 굴지의 종합상사로 키우는 데 혁혁한 공을 세운 바 있었다.

강병국 회장의 총애를 받고 있던 변종수 상무를 영입하는 데는 강 회장의 특별한 배려가 작용하였다. 강 회장의 셋째 사위인 허준표 사장은 강 회장의 거듭된 권유에도 불구하고 한사코 한성그룹에 합류하는 걸 고사했다. 처가 덕에 출세했다는 소릴 듣기 싫어서였다.

대신 가정용 전자제품을 취급하는 중소전자업체인 제이테크를 인수해서 본격적인 사업전선에 뛰어들었다. 허준표 사장이 제이테크를 인수한 것은 한성그룹의 주력기업 중 하나인 한성전자와의 관계를 고려한 포석이었다. 한성전자에서 취급하지 않는 가정용 전자제품을 취급하는 제이테크를 인수함으로써 한성전자와의 경쟁을 피할 수 있었다.

허 사장이 제이테크를 인수한 데는 또 다른 이유가 있었다. 브랜드나 시장점유율 면에서 보잘것없는 제이테크를 인수해서 단시일 내에 업계 정상권으로 올려놓음으로써 자신의 능력을 인정받고 싶었다. 그렇게 함으로써 이미 한성그룹 내에서 자리를 잡고 있는 동서들과의 경쟁에서도 앞서갈 수 있다고 생각했다. 강 회장은 딸만 다섯을 두어서 어차피 그룹의 후계자는 사위들 중에서 정할 수밖에 없는 상황이었다.

제이테크의 도약을 위해서 허 사장이 야심차게 추진한 것 중에 하나가 해외시장 진출이었다. 해외시장에 성공적으로 진출함으로써 대량생산에 따르는 원가절감에도 기여하고 국내시장에서의 브랜드 이미지를 구축하는 데도 도움이 될 것으로 판단했다.

허 사장의 구상은 적중했다. 한성그룹의 도움을 받아 미국시장 진출에 성공하여 해외시장 진출의 발판을 마련한 허 사장은 본격적인 해외시장 개척을 위해 변종수 상무를 영입해서 해외영업본부장직을 맡기기에 이른 것이다.

"아빠는 어떠셔?"

현주는 다짜고짜 나승환 소장의 안부부터 물었다.

"잘 계시던데. 건강도 좋아 보이시고."

"무역에 대해선 잘 가르쳐 주셨어?"

"그게 좀……."

홍 대리가 뜸을 들였다.

"너무 잘 가르쳐 주셔서 큰일이야."

"그게 무슨 소리야?"

"다시 뵐 수 있는 기회가 없을까 봐서."

"선배도 참."

현주가 밝게 웃었다.

"참, 선밴 결혼했어?"

현주가 물었다.

"아직. 너는?"

"나도 아직."

"학교 다닐 때 사귀던 친구는 어떻게 됐어?"

홍 대리는 질문을 던져놓고 이내 후회했다.

"그냥 끝났어."

현주의 표정이 어두워졌다.

"미안해. 괜한 걸 물어봐서."

"괜찮아. 다 지나간 일인 걸 뭐."

잠시 대화가 끊기고 어색한 침묵이 흘렀다.

"그건 그렇고, 전해줄 게 있다는 게 뭐야?"

현주가 물었다.

"내 정신 좀 봐. 이걸 전해주려고 만나자고 해 놓고서."

홍 대리는 들고 온 보따리를 현주 앞에 올려놓았다.

"직접 재배하신 거래. 청정야채니까 안심하고 먹으라고 하시더군."

"야채도 재배하시나 보지?"

현주가 남의 일처럼 말했다.

"뭐야? 몰랐어? 소장님이 집 앞 텃밭에 이것저것 많이 심어 놓으셨던데."

"……."

현주는 대답을 하지 않았다. 현주의 표정에서 나 소장을 자주 찾지 않는다는 걸 읽을 수 있었다.

"외로워 보이시던데……."

홍 대리가 혼잣말처럼 말했다.

"참, 다른 동창들은 요즘 뭘 하고 지내?"

현주가 화제를 돌렸다.

"이걸 보고서라고 작성했나?"

최성식 차장이 가시 돋친 목소리로 말했다.

"판매부진 사유와 대처방안을 마련하라고 했지, 누가 해외시장 개척방안을 준비하라고 했나?"

"더 이상 국내시장에만 연연하다가는……."

홍 대리가 조심스레 입을 열었다.

"그건 이미 간부회의에서 끝난 얘기 아닌가?"

최 차장이 말을 잘랐다.

"당분간 해외시장은 잊어버리기로 하지 않았냐고."

"그래도……."

"이 친구 진짜 끈질기구먼. 그래, 어디 한번 얘기해 보라고. 도대체 지금 당장 해외시장에 진출해야만 하는 이유가 뭐란 말인가?"

"기회의 차이 때문입니다."

"기회의 차이라니?"

"지구상에는 200개가 넘는 국가가 존재합니다. 그중에는 우리나라 시장과 비교할 수 없을 정도로 큰 시장을 가진 나라들도 많고요. 국내시장에만 집착하는 것과 세계시장을 상대하는 것하고는 엄청난 기회의 차이가 있습니다. 넓은 바다를 놔두고 동네 개울가에서만 고기를 잡겠다는 것과 다를 바 없다고요."

"하지만 해외시장에 진출하는 게 맘만 먹는다고 되는 일이 아니지 않은가. 국내시장에서도 죽을 쓰고 있는 마당에 무슨 수로 남의 나라 시장에 진출한단 말인가?"

"물론 물건 자체에 문제가 있다면야 힘들겠지요. 하지만 지금 저희가 제이테크에게 밀리고 있는 건 물건 자체의 문제라기보다는 마케팅의 문제에서 비롯된 것 아닙니까?"

"말 잘 했네. 국내마케팅도 제대로 못하면서 해외마케팅을 어떻게 하겠다는 건가?"

"국내마케팅에 실패했다고 해서 해외시장에 진출하지 못하란 법은 없습니다. 국내시장에서 빛을 보지 못한 물건이 해외시장에서 성공한 경우도 얼마든지 있다고요. 아예 처음부터 국내시장은 염두에 두지 않고, 해외시장을 겨냥해서 상품을 개발하는 경우도 있고요."

"자네가 대체 언제부터 그렇게 해외시장 진출에 관심이 많았나?"

최 차장이 비아냥거리는 조로 말했다.

"그나저나 해외시장을 개척하려면 무역을 할 줄 아는 사람이 있어야 할 것 아닌가. 지금 우리 회사에서 누가 그 일을 한단 말인가?"

최 차장이 어이없다는 표정을 지었다. 홍 대리는 나 소장으로부터 무역에 대한 기본지식을 전수받은 사실을 털어놓을까 하다가 그만두었다. 아직 그럴만한 상황이 아니었다. 최 전무의 귀에라도 들어갔다간 자신은 물론 이 부장의 입장까지 난처해질 것이 뻔했다. 결국 해외시장 진출 건은 당분간 아무도 모르게 혼자서 추진해야 하는 극비임무에 속했다.

과연 잘 해낼 수 있을까? 나 소장으로부터 무역의 기본적인 흐름은 배웠지만 아직 생소하기 그지없는 무역 일을 혼자서 해낼 수 있을까? 홍 대리의 머릿속에는 처음 시내운전에 나서는 초보운전자처럼 두려움과 기대가 교차하였다.

홍 대리는 자리에 앉자마자 메일함을 열고 밤새 들어온 메일을 확인했다. 하지만 기대했던 메일은 눈에 띄지 않았다. 다음에 연락하겠다는 식의 우회적인 거절 메일 몇 통이 눈에 뜨일 뿐이었다.

지난 한 달 동안 바이어를 잡기 위해서 안 해본 것이 없었다. 나 소장이 일러준 대로 인터넷 무역거래 알선사이트에 게시물을 올리고, 디렉토리와 국내외 무역 관련기관의 웹 사이트를 뒤져서 매일같이 수십 통의 메일을 발송했다. 심지어 각국 대사관 상무관실을 들락거리며 바이어를 물색하기도 했다.

전혀 소득이 없었던 것은 아니다. 몇몇 바이어들이 제품에 대한 자세한 사양이나 가격을 문의하곤 했다. 하지만 구체적인 상담으로 이어지는 경우는 드물었다. 처음에 바이어로부터 문의메일을 받았을 때는 금방이라도 오더가 성사될 것 같은 환상에 빠지기도 했지만 그건 착각에 불과했다.

"좋은 소식 좀 없나?"

전체 회의가 끝난 후 이 부장이 홍 대리를 따로 불러 세워놓고 물었다.

"죄송합니다."

홍 대리가 풀 죽은 목소리로 말했다.

"부담을 주고 싶지는 않지만 자네도 알다시피 워낙 상황이 안 좋아서……."

누가 보더라도 회사의 상황은 악화일로를 걷고 있었다. 판매부진이 자금사정을 악화시켰고, 자금부족 때문에 광고비와 판촉비 지출이 줄어들자 매출액이 더욱 떨어지는 악순환이 이어졌다. 공장의 재고는 늘어만 갔고, 언제 공장 문을 닫을지 모른다는 흉흉한 소문까지 나돌았다.

영업을 책임지고 있는 이 부장으로서는 가시방석에 앉아있는 기분이었다. 좀처럼 현 상황을 역전시킬만한 카드가 보이지 않았다. 해외시장 진출을 무기로 국내마케팅을 강화하고 있는 제이테크의 기세를 꺾을 방법이 없었다. 맞불작전의 하나로 비밀리에 추진 중인 해외시장 진출 건도 별다른 진전이 없었다.

설사 해외시장 진출에 성공한다 하더라도 단시일 내에 상황을 역전시킬 수는 없다는 것을 잘 알고 있었다. 처음부터 대량주문을 받는다는 보장도 없을뿐더러 선금을 받지 않는 한 대금회수에 걸리는 시간도 감안해야 했다. 하지만 소량이라도 수출오더를 받는 데 성공한다면 반전의 계기를 삼을 수 있을 것 같았다. 직원들의 사기도 올라가고 대외적인 이미지를 높이는 데도 기여할 것이다. 지금 상황에서는 수출만이 유일한 탈출구라는 생각이 들었다.

문제는 어떻게 해외시장을 개척하느냐 하는 것이다. 애당초 무역에 문외한인 홍 대리에게 일을 맡긴 것이 잘못일지도 몰랐다. 그렇다고 이제 와서 공개적으로 외부에서 무역전문 인력을 영입할 수도 없는 입장이었다. 홍 대리의 말로는 국내최고 무역전문가의 도움을 받고 있다고 했다. 이 부장은 좀 더 기다려볼 수밖에 없다고 생각했다.

두바이에서 온 메일

"이 사람 순진하구먼."

홍 대리의 하소연이 끝나기도 전에 나 소장이 말했다.

"세상에 거래제의를 하자마자 기다렸다는 듯이 오더를 하는 바이어가 몇이나 있겠나. 그건 생전 처음 보는 사람에게 프러포즈를 하고 결혼승낙을 기대하는 것과 다를 바 없네. 가능성이 희박할 수밖에."

"그럼 어떻게 하죠?"

"기다려야지. 해외거래처를 개발할 때 가장 경계해야 할 것이 서두르는 걸세. 서두른다고 일이 된다는 보장이 없네. 오히려 서두르다보면 무역사기에 휘말릴 가능성만 높아질 뿐이지. 입장을 바꿔놓고 생각해 보게. 자네 같으면 생전 처음 보는 사람과 선뜻 거래를 트려고 하겠나?"

"그건 알지만 워낙 회사 상황이 급해서요."

"급할수록 돌아가라고 하지 않나."

"그래도……."

"정 그렇다면 한 가지 방법을 알려주지."

"그게 뭔가요?"

"가능성이 높은 목표물을 찾아내서 집중적으로 공략하는 걸세."

"좀 더 구체적으로 말씀해 주세요."

"이제까지 자네가 사용했던 방법은 자네 회사에서 생산하는 품목을 취급하는 바이어를 무작위로 접촉해서 거래를 제의한 걸세."

"맞습니다."

"물론 그런 방식으로 바이어들을 접촉하다 보면 언젠가는 거래를 틀 수도 있을 걸세. 문제는 시간이 걸린다는 거지. 그 중 대부분은 이미 다른 업체와 거래를 하고 있을 거고. 설사 새로운 거래처를 찾고 있었다 하더라도 불특정 다수에게 보내는 거래제의에 선뜻 응하지 않을 가능성이 높기 때문이지."

"그러니까 시간을 절약하려면 가능성이 높은 바이어를 찾아내서 집중적으로 공략하라는 거네요."

"그렇지. 우리가 광고메일을 받더라도 불특정 다수를 상대로 하는 메일보다는 '나'라는 특정인을 상대로 작성한 메일에 좀 더 관심이 가게 마련 아닌가?"

"그런데 가능성이 높은 바이어를 어떻게 찾아내죠?"

"그건……."

나 소장은 잠시 숨을 돌렸다가 말을 이었다.

"우선 시장조사를 해야지. 목표시장을 정한 다음 해당 시장에서 유력한 바이어가 누구인지, 유력 바이어 중에 새로운 거래파트너가 필요한 업체가 어딘지를 알아내야지."

"유력 바이어라면 이미 거래하는 파트너가 있을 텐데요."

"어차피 유력 바이어와 거래를 트려면 남이 거래하고 있는 바이어를 뺏는 수밖에 없네. 그러기 위해선 기존의 거래파트너와 관계가 좋지 않거나, 기존의 거래파트너보다 좋은 조건을 제시할 수 있는 상대를 물색할 필요가 있네."

"그걸 무슨 수로 알아내죠?"

"가장 확실한 방법은 현지에 가서 직접 확인하는 것이지만 여의치 않다면 현지정보에 밝은 제3자를 통해서라도 알아봐야지."

나 소장의 설명은 논리 정연했지만 홍 대리의 입장에서 쉬운 일이 아니었다. 해외에 직접 나가서 바이어를 물색할만한 입장도 못 됐고, 현지사정에 밝은 제3자의 도움을 기대하기도 힘든 상황이었다. 홍 대리의 머리가 무거워졌다.

'가능성이 높은 목표물을 찾아내서 집중적으로 공략하라'

홍 대리의 머릿속에는 나 소장이 한 말이 떠나지 않았다. 목표물을 찾기 위해서는 우선 목표시장을 정해야 했다. 과연 어느 나라 시장부터 진출하는 것이 좋을까?

가장 먼저 떠오른 것이 미국이었다. 이왕이면 세계 제일의 시장이라는 미국부터 진출하는 것이 좋을 것 같았다. 문제는 미국시장에는 이미 제이테크가 진출해 있다는 사실이었다. 하지만 제이테크와의 정면대결을 피할 이유는 없었다. 오히려 미국시장에서 제이테크와의 대결에서 승리한다면 전세를 역전시킬 수 있는 계기를 잡을 수도 있을 것이라는 생각이 들었다. 홍 대리는 일단 미국시장을 집중공략해 보기로 마음을 정했다.

문제는 미국시장에 대한 구체적인 정보를 어떻게 입수하느냐 하는 것이었다. 비밀리에 일을 추진하고 있느니만큼 공개적으로 미국출장에 나설 수도 없는 입장이었다. 홍 대리는 우선 국내외 무역기관과 인터넷 사이트 등을 통해서 미국시장에 대한 정보를 수집해 보기로 했다.

"홍 대리, 요즘 뭐가 그렇게 바빠?"

점심식사 자리에서 방진영 대리가 물었다.

"그러게 말이에요. 요즘 홍 대리님 혼자 너무 열심히 하는 것 같아요."

영업부의 김태희로 통하는 임정아 주임이 거들었다.

"회사 사정도 안 좋은데 열심히 해야지. 잘리지 않으려면."

홍 대리가 가볍게 받아쳤다.

"아무리 그래도 좀 쉬어가면서 해. 혼자 너무 앞서가지 말라고."

"……."

"그나저나 부장님이 좀 바뀐 것 같지 않아?"

"뭔 소리야?"

"전엔 매일같이 영업실적을 체크하고 난리를 치더니 갑자기 조용해진 것 같아서 말이야."

"맞아요. 뭔가 꿍꿍이가 있는 거 같아요."

이번에도 임 주임이 맞장구를 쳤다.

"꿍꿍이라니?"

홍 대리가 되물었다.

"혹시 우리 몰래 해외시장 진출 건을 추진하고 있는 건 아닐까. 지난 번 간부회의석상에서 해외시장에 진출해야 한다고 주장했다던데."

방 대리의 표정이 진지해졌다.

"글쎄. 난 잘 모르는 일이라서."

홍 대리가 시치미를 떼고 자리에서 일어섰다.

미국시장에 대한 정보를 수집하느라 분주한 나날을 보내고 있던 홍 대리에게 낭보가 날아들었다. 두바이에 소재한 업체에서 보내온 메일이었는데 오더를 발주하려고 하니 가격을 조금만 깎아달라는 내용이었다. 하도 여러 업체에 동시다발적으로 거래제의를 했던 터라 메일을 보내 온 업체가 어떤 업체인지 언뜻 기억이 나질 않았다. 메일함에서 주고받은 메일을 뒤져서야 이미 몇 차례 메일을 주고받은 업체라는 것을 확인할 수 있었다.

홍 대리는 첫 오더가 성사될 지도 모른다는 기쁨에 들떠서 이 부장에게로 달려갔다.

"부장님, 잘 하면 첫 오더를 받을 수 있을 것 같습니다."

"그게 정말이야? 거기가 어딘데?"

이 부장의 얼굴에 일순간 희색이 돌았다.

"두바입니다."

"무슨 수를 써서라도 오더를 성사시키도록 하게."

"근데 문제가……."

"문제라니?"

"가격을 네고해 달라고 합니다."

"가격이라면 처음부터 최저가격을 제시한다고 하지 않았었나?"

"맞습니다. 그런데 두바이 쪽에서 가격을 조금만 깎아주면 오더를 발주하겠다고 나오네요."

"얼마나 깎아달라는데?"

"얼마라고 구체적으로 요청한 건 없습니다."

이 부장은 잠시 생각하더니 다시 입을 열었다.

"일단 한 3퍼센트 정도 깎아주겠다고 제시해 보게. 거래를 트기 위해서 특별히 깎아주는 거라고 하고."

"그래도 되겠습니까? 내부적으로 원가가 공개되면 문제가 될 텐데요."

"내가 책임지겠네. 큰 금액이 아니니 해외시장 개척비용으로 인정받을 수 있을 걸세. 그나저나 오더가 성사되면 물건도 실어 내보내야 하고 절차가 복잡할 것 같은데 잘 처리할 수 있겠나?"

"걱정 마세요. 어차피 운송이나 통관 업무는 외부업체에 맡기면 되니까요."

홍 대리는 이 부장을 안심시키고 자리로 돌아와서 두바이 업체 앞으로 메일을 작성했다. 가격인하폭을 얼마로 할 것인가를 놓고 잠시 고민한 끝에 일단 2퍼센트를 제시해 보기로 했다. 두바이 업체에서 보내 온 메일의 문맥으로 보아 단순히 할인가능성을 확인하려는 의도가 다분해 보였기 때문이었다.

국내거래와 마찬가지로 가격협상을 할 때는 심리적인 접근이 필요했다. 구체적인 근거를 제시하지 않고 무작정 가격을 깎아달라고 조르는 경우, 얼마를 깎아주느냐보다 더 이상 깎을 여지가 없다는 믿음을 심어주는 것이 중요했다.

홍 대리는 이미 제시한 가격이 더 이상 네고가 불가능한 최저가격이지만 거래관계를 수립하기 위해서 특별히 2퍼센트를 인하한다는 내용의 메일을 작성해서 발송했다.

다음 날 아침, 홍 대리는 두근거리는 마음으로 메일함을 열었다. 두바이로부터의 메일은 눈에 띄지 않았다. 공연히 1퍼센트 아끼려다가 오더를 놓친 것이 아닌가 하는 불안감이 밀려왔다. 지금이라도 다시 메일을 작성해서 보낼까 하는 생각도 들었다. 이 부장에게 보고하니 며칠 더 기다려보자고 했다.

첫 번째 오더

다음 주 월요일, 홍 대리는 별 생각 없이 메일함을 열었다. 시차 때문에 월요일 아침에는 해외거래처로부터의 메일이 뜸한 편이었다. 홍 대리는 별 기대를 하지 않고 받은 메일함의 목록을 훑어나갔다. 뜻밖에도 두바이 업체에서 보낸 메일이 눈에 뜨였다. 발송날짜는 일요일로 되어 있었다. 일요일에 메일을 보낸 것을 보고 홍 대리는 의아해 했다. 중동에서는 일요일 대신에 금요일이 휴무라는 걸 깜빡 잊고 있었던 것이다.

홍 대리는 기도하는 마음으로 메일을 열었다. 메일 내용은 간단하면서도 명확했다. 가격인하에 감사하며 첫 오더를 발주한다는 것이었다. 첫 오더치고는 물량이 적지 않았다. 홍 대리는 부랴부랴 메일을 인쇄해서 이 부장에게 달려갔다.

"오더를 받았군."

홍 대리의 표정을 읽기라도 한 듯 이 부장이 먼저 말했다.

"부장님 덕분입니다."

"내 덕분이라니?"

"가격 문제를 해결해 주셔서……."

"문제는 지금부터야. 물건을 내보내려면 더 이상 비밀리에 일을 추진할 수 없잖은가. 내가 최 전무와 담판을 지을 테니 자네는 첫 오더를 착오 없이 내보낼 수 있도록 준비하게."

"알겠습니다."

홍 대리는 첫 작전에 나서는 군인처럼 비장한 각오를 다지며 자리로 향했다.

"이런 식으로 나를 물 먹여도 되는 건가?"

예상했던 대로 최 전무의 노여움은 컸다.

"죄송합니다. 그래도 이왕 오더를 받았으니 물건이 나갈 수 있도록 도와주십시오."

이 부장은 밀어붙일 수밖에 없다고 생각했다.

"도대체 누가 오더를 받은 건가?"

"홍석진 대립니다."

"홍 대리라면 국내영업담당 아닌가. 무역을 한 번도 해본

적이 없는 친구가 어떻게 수출을 한단 말인가?"

"지금 우리나라 최고의 무역 전문가에게 배우고 있습니다. 시작한 지 얼마 되지도 않았는데 벌써 첫 오더를 받은 것만 봐도 무역에 소질이 있는 것 같습니다."

"이 부장은 매사를 너무 낙관적으로만 보는 게 문제야. 오더도 오더 나름 아닌가. 채산성도 있어야 하고, 결제도 정확해야 하고. 국내거래도 아니고 해외거래처와의 거래라면 이것저것 챙길 일도 많을 텐데."

"전무님, 이번 한 번만 믿고 맡겨 주십시오."

"이 부장이 내 입장이라면 무조건 믿고 맡겨둘 수가 있겠나? 그렇지 않아도 회사의 상황이 한치 앞을 내다볼 수 없는데, 하라는 국내영업은 제쳐두고 수출을 하겠다고 날뛰고 있으니."

최 전무의 노여움은 쉽사리 사그라질 기미가 보이지 않았다.

"정 그렇다면 이 부장이 사장님께 직접 말씀드리고 일을 진행하도록 하게."

최 전무는 자신이 책임을 질 수 없다는 입장을 분명히 했다. 사장에게 직접 얘기하라는 건 일을 추진하지 말라는 것과 다름없었다. 회사의 중요한 정책을 결정하는 데 사장은 허수아비에 불과했다.

엔지니어 출신인 김일도 사장은 기술개발 쪽에만 관여할 뿐 영업을 포함한 모든 관리업무는 전적으로 최만호 전무의 판단에 따르는 걸 불문율로 삼고 있었다.

직원들의 입장에서 보면 최만호 전무가 실질적인 사장이라고 여길 만큼 실권을 휘두르고 있었다. 사장에게 얘기해 봤자 최 전무와 상의하라는 지시를 내릴 것이 뻔했다.

이 부장은 무거운 마음으로 최 전무의 방을 나왔다. 최 전무의 반대에 부딪친 것은 이번이 처음이 아니었다. 그동안 의욕적으로 일을 추진하다가 최 전무의 반대 때문에 중도에 포기했던 적이 한두 번이 아니었다.

돌다리도 두드려보고 건너지 않을 사람이라는 우스갯소리가 나돌 정도로 최 전무는 매사를 안전 위주로 처리했다. 후발주자인 제이테크에 밀리게 된 것도 따지고 보면 최 전무의 소극적인 대응에서 비롯된 측면이 컸다.

제이테크가 해외시장 진출에 열을 올리고 광고를 대대적으로 늘리는 동안 최 전무는 물건만 좋으면 된다는 식의 안이한 대응으로 일관했다. 특히 해외시장 진출에 대해서 최 전무는 이상하리만치 부정적인 시각을 가지고 있었다. 밀어내기식 수출로 수익성을 악화시키고 무역사기에 휘말리느니 그동안 다져놓은 내수시장에서 안정적으로 매출을 늘려나가는 게 낫다는 것이 최 전무의 일관된 논리였다.

이 부장의 생각은 달랐다. 경제적 국경이 허물어지는 글로벌 시대에 내수시장에만 집착한다는 것은 시대착오적인 발상이 아닐 수 없었다. 개인이든 회사든 새로운 것에 도전하는 걸 두려워해서는 지속적인 발전을 기약할 수 없었다.

비록 자신은 국내영업 쪽에서만 일해 왔지만 해외시장을 개척하지 않고서는 살아남을 수 없다는 것이 이 부장의 확고한 생각이었다. 그런 의미에서 홍 대리가 성사시킨 첫 오더의 중요성은 아무리 강조해도 지나치지 않았다.

나 소장의 집으로 향하는 홍 대리의 마음은 급했다. 오더만 받으면 세상에 바랄 것이 없을 것 같았는데 막상 오더를 받고 보니 앞으로의 일이 걱정이었다. 일단 계약이 되면 그 다음부터의 일은 외부업체에 맡기면 된다고 했지만, 무얼 어떻게 맡기고 어떤 식으로 일을 마무리 지어야 하는 건지 갈피를 잡을 수 없었다.

"큰일을 해냈구먼."

오더를 받았다는 얘길 듣자마자 나 소장이 환한 표정으로 축하해 주었다.

"다 소장님 덕분입니다. 그나저나 오더를 받아서 좋긴 한데 걱정이 많습니다."

"걱정이라니?"

"과연 오더를 잘 마무리 지을 수 있을까 하는……."

"그럴걸세. 누구나 새로운 일을 시작할 때는 불안하기 마련이지. 하지만 한 번만 해보면 별 거 아니라는 생각을 갖게 될 걸세. 지금부터 오더를 받고나서부터 해야 할 일을 차근차근히 설명해 줄 테니 근심을 털어버리게."

"소장님만 믿겠습니다."

"오더가 확정되면 우선 확정된 오더내역을 서식으로 작성해서 바이어에게 보내주어야 하네."

"서식은 어떻게 작성하나요?"

"어렵게 생각할 것 없네. 바이어와 합의한 내역을 그대로 기재하면 되네. 즉 어떤 물건(description) 몇 개(quantity)를 어떤 거래조건(trade terms)에서 단가(unit price)는 얼마고, 총액(amount)은 얼마며, 포장(packing)은 어떻게 하고, 물건을 어디서(shipping port) 싣고, 어디까지(destination) 싣고, 언제 싣는지(shipment), 결제(payment)는 어떤 방식으로 할 건지를 기재하면 된다네."

"서식의 제목은 뭐라고 하나요?"

"제목은 신경 쓸 필요 없네. 주로 proforma invoice라는 명칭을 많이 사용하지만 offer sheet나 sales note 또는 order confirmation이라는 타이틀을 붙여도 상관없네. 서식명만 다를 뿐이지 내용면에서는 다를 바가 없기 때문이지."

"서식을 보내 준 다음에는 어떻게 하나요?"

"합의된 결제방식에 따라 물품대금이 입금되거나 신용장이 개설됐는지를 확인해야지."

"그 다음엔요?"

"계약한 대로 물건을 선적하고 수입자 또는 은행에서 요구하는 서류를 준비해서 보내주면 일이 마무리되는 걸세."

"구체적으로 어떤 서류를 준비해야 하나요?"

"일반적인 무역거래에서 공통적으로 준비해야 하는 서식은 세 가지일세."

"어떤 서식인가요?"

"우선 수출자는 상업송장(commercial invoice)과 포장명세서(packing list)를 작성해야 하네."

"상업송장이 뭐예요?"

"물품명세서와 대금청구서의 역할을 하는 서식이네."

"그럼 수입자에게 어떤 물건이 실리고 물품대금이 얼마라는 걸 알려주는 서식이라고 할 수 있네요."

"수입자뿐만 아니라 운송회사나 보험회사, 세관, 은행 등과 같이 무역거래에 개입하는 기관이나 업체에 물품내역과 금액을 확인시켜 주는 역할을 하는 걸세."

"포장명세서는 뭐예요?"

"말 그대로 물건의 포장상태와 내역을 알려주는 서식이라네."

"상업송장과 포장명세서 외에 또 준비해야 하는 서식은 뭔가요?"

"그것이 바로 선하증권(bill of lading)일세."

"선하증권은 뭔가요?"

"선박회사 또는 포워더에서 발행하는 일종의 화물인수증이라고 할 수 있네. 수출자가 물건을 싣고 선하증권을 챙겨서 수입자에게 보내주면 수입자는 물건이 도착한 다음 선하증권을 제출하고 물건을 찾게 되는 거지."

"물건을 배에 싣지 않고 비행기에 실어 보낼 때는 어떻게 하나요?"

"그때는 선하증권 대신에 항공운송장(airway bill)을 사용한다네."

"이제까지 배운 내용을 정리해 보면 신용장방식의 거래에서 수출자는 물건을 싣고 상업송장(commercial invoice), 포장명세서(packing list), 선하증권(bill of lading) 혹은 항공운송장(airway bill)을 준비해서 은행에 제출하고 돈을 받으면 되는 거네요."

"그렇다네."

"그밖에 필요한 서류는 없나요?"

"거래조건이 CIF일 때는 수출자가 보험을 들고 보험회사로부터 보험증권(insurance policy)을 받아서 앞서 언급한 서류들과 함께 은행에 제출해야 하네. 또한 수입자의 요구에 따라 원산지증명서(certificate of origin)가 필요할 수도 있지."

"상업송장이나 포장명세서는 어떻게 작성하나요?"

"그것도 걱정할 필요 없네. 책이나 인터넷에서 도움을 받을 수도 있고, 무역서식 자동작성 프로그램을 이용하면 간단하게 해결된다네. 그러니까 무역이라는 게 실제로 해보면 점점 쉬워지는 걸세."

"소장님 설명을 듣고 보니 한결 마음이 가벼워지네요."

"하지만 잊지 말게. 무역이 쉽다는 건 성사된 오더를 행정적으로 처리하는 과정이 쉽다는 거지, 제대로 된 바이어를 개발해서 오더를 성사시키는 과정은 결코 쉬운 일이 아니라는 걸 말일세. 자네가 단시일 내에 첫 오더를 받을 수 있었던 것도 따지고 보면 운이 좋았다고밖에 해석할 수 없네. 자네에게 오더를 한 바이어가 얼마나 신뢰할 수 있는 바이어인지는 앞으로 시간을 두고 확인해 보아야 할 것일세. 지금부터 시작이라는 말이네. 알겠나?"

나 소장이 진지한 표정으로 말했다. 홍 대리는 입을 굳게 다물었다. 지금부터 시작이라는 나 소장의 말이 가슴에 와 닿았다.

"홍 대리, 너무하는 거 아냐? 나까지 감쪽같이 속이다니."

방 대리의 목소리가 조용한 사무실에 울려 퍼졌다.

"뜬금없이 뭔 소리야?"

홍 대리가 영문을 모르겠다는 표정을 지었다.

"다 알고 왔어. 수출오더를 따냈다며."

"수출오더를 따다니?"

최 차장이 끼어들었다.

"두바이에서 수출오더를 땄대요. 홍 대리가."

"그게 사실이야? 어디서 그런 얘길 들었어? 어떻게 국내영업 담당인 홍 대리가 수출오더를 따낸단 말이야?"

최 차장이 믿을 수 없다는 표정으로 질문을 쏟아냈다.

"오더를 받긴 받았는데…… 아직 할 일이 많습니다."

홍 대리가 마지못해 한 마디 했다.

"아무튼 축하해. 이거 축하파티라도 해야 하는 거 아냐?"

방 대리가 호들갑을 떨었다.

"저도 축하해요."

임정아 주임이 합세했다. 최 차장은 입을 굳게 다물고 모른 척했다.

"무슨 일인가?"

마침 중역실에 갔던 이종국 부장이 사무실에 들어서며 물었다. 방 대리가 상황을 설명하고 다시 한 번 축하파티를 제안했다.

"아무튼 방 대리의 정보력은 알아줘야 한다니까. 아직 축하파티까지 할 정도는 아니고 그냥 간단하게 저녁이나 같이 하도록 하지."

"와우. 이게 얼마만의 회식입니까? 홍 대리 덕분에 오랜만에 배 좀 채우게 됐네요."

방 대리가 배를 두드리는 시늉을 했다.

"그러게 말이에요."

임 주임이 맞장구를 쳤다.

회식은 회사 근처 조촐한 삼겹살집에서 진행되었다. 오랜만의 회식자리라 그런지 표정들이 밝았다.

"미래전자의 미래를 위하여!"

이 부장이 건배를 제안했고 술잔이 돌아가기 시작했다. 이내 홍 대리 앞에 술잔이 수북이 쌓였다. 회식자리는 노래방으로 이어졌다. 방 대리와 임 주임이 분위기를 띄우고 평소에 마이크를 잡지 않던 이 부장까지 노래실력을 선보였다.

축제 분위기였지만 홍 대리의 마음은 편치 않았다. 비록 첫 오더를 받긴 했지만 그야말로 시작에 불과했다. 오더를 처리하는 과정에서 문제가 발생할 수도 있고 오더가 이어진다는 보장도 없었다. 마지못해 노래를 부르면서도 홍 대리의 머릿속에는 오더에 대한 생각이 떠나질 않았다.

홍 대리는 우선 확정된 오더내역을 명시한 proforma invoice를 작성해서 바이어에게 발송했다. 그로부터 며칠 후 신용장이 도착했다. 신용장의 내용을 검토하고 이상이 없음을 확인한 후, 포워더와 관세사에게 물건의 운송과 통관을 의뢰하고, 보험에 가입함으로써 수출업무를 일단락 시켰다.

수출과정에서 문제가 전혀 없었던 것은 아니었다. 제일 큰 문제는 물건을 공장에서 출고하는 일이었다. 수출에 대한 거부감이 컸던 최 전무의 반대에 부딪쳐서 출고가 지연되는 사태가 벌어졌다.

신용장방식의 거래를 이해하지 못한 최 전무는 물건만 보내놓고 돈을 받지 못하면 어떻게 하느냐며 입금이 확인되기 전에는 물건을 출고시킬 수 없다는 주장을 되풀이했다. 결국 이 부장이 김일도 사장과 담판을 벌여서 이번 오더에 한해서 물건을 출고하되 향후 수출지속여부는 이번 오더를 마무리한 후 별도로 논의하기로 했다.

우여곡절 끝에 물건을 선적하고 선적서류들을 챙겨서 은행에 제출하자 수출대금이 회사계좌로 입금되었다. 그제서야 최 전무의 표정이 달라졌다. 내색을 하지는 않았지만 무역거래가 생각처럼 위험한 것만은 아니라는 것을 조금은 이해한 것 같았다.

첫 수출에 성공한 홍 대리는 수출확대방안을 구상하기 시작했다. 나 소장의 말대로 두바이 오더는 시작에 불과했다. 첫 오더가 지속적인 오더로 연결된다는 보장도 없었고, 바이어 하나만 믿고 추가오더를 앉아서 기다릴 수만은 없었다.

그 사이 회사 내에서의 기대치는 높아만 갔다. 수출에 대한 부정적인 시각은 눈 녹듯이 사라지고 어느새 수출만이 살길이라는 공감대가 형성되고 있었다. 수출에 대해서 극히 부정적인 사고를 굽히지 않았던 최 전무마저 더 이상 수출에 대해 왈가왈부하지 않았다. 일각에서는 서둘러 해외영업팀을 만들어야 한다는 얘기까지 흘러나왔다.

기대가 큰 만큼 홍 대리의 고민도 깊어갔다. 회사를 위기에서 구하기 위해서라도 하루바삐 본격적인 해외영업망을 구축하는 것이 절실했다. 그러기 위해선 미국을 비롯한 전 세계 주요시장에 대한 정보를 입수하고 신규바이어를 개발하는 등 할 일이 산적해 있었다. 당분간 이 모든 일을 혼자서 추진해야 한다고 생각하니 어깨가 무거웠다.

신용장의 비밀

홍 대리가 한창 수출확대방안을 궁리하고 있던 중, 거래은행으로부터 홍 대리를 찾는 전화가 왔다.

"제가 홍 대립니다."

수화기를 받아 든 홍 대리가 씩씩한 목소리로 말했다.

"지난번에 네고한 두바이 신용장 건 때문에 전화를 드렸습니다."

은행원의 목소리는 다소 사무적으로 들렸다.

"무슨 문제라도 있나요?"

"언페이드(unpaid) 됐어요."

"네? 언페이드(unpaid)가 뭐예요?"

"바이어 측에서 신용장 대금지급을 거부하는 겁니다."

"신용장 대금지급을 거부하다뇨? 일단 신용장에서 요구하는 물건을 싣고 신용장에서 요구하는 서류를 보내면 바이어는 대금을 지급해야 하는 것 아닌가요? 설사 바이어가 대금을 지급하지 않는다고 해도, 바이어를 대신해서 대금지급을 약속한 은행이 책임지고 대금을 지급해야 하는 거 아닙니까?"

홍 대리는 나 소장에게서 들은 신용장에 관한 설명을 떠올리며 질문을 퍼부었다.

"서류상 이상이 없으면 당연히 대금을 지급해야 하지요. 하지만 서류상에 하자가 있을 때는 바이어가 대금지급을 거부할 수 있는 권리가 있습니다. 이런 경우 개설은행에서도 대금을 지급할 의무가 없고요."

"도대체 서류가 뭐가 잘못됐다는 건가요?"

"신용장에는 품명에 모델번호가 들어가 있는데 서류에는 모델번호가 빠져 있다는 겁니다."

홍 대리는 서류작성 당시를 떠올렸다. 인보이스를 작성하면서 품명에만 신경을 쓰느라 모델번호를 기재하는 걸 깜빡했던 모양이었다.

"실제로 실어 보낸 물건의 모델번호가 신용장에 명시된 모델번호와 같으면 되는 거 아닌가요?"

홍 대리의 목소리가 떨렸다.

"그렇지 않아요. 바이어의 입장에서는 서류만 확인하고 돈을 지급해야 하기 때문에 실제로 어떤 물건이 실렸는가는 상관없이 서류상 이상이 있으면 대금지급을 거절할 권리가 있어요."

은행원은 그런 것도 모르냐는 투로 말했다.

"그럼 실제 물건은 신용장에 명시된 물건과 다른 것을 실었더라도 서류상으로만 제대로 실은 것처럼 꾸며서 제출해도 돈을 받을 수 있단 말입니까?"

"그렇습니다. 그런 점이 신용장 거래의 문제점이라고 할 수 있지요. 결론적으로 신용장 방식의 거래에서는 물건보다 서류가 중요하다고 할 수 있습니다."

"아무리 그래도 모델번호 하나 빠졌다고 대금지급을 거절하는 건 너무하는 거 아닙니까?"

"일반적인 경우라면 바이어가 서류상의 사소한 하자는 문제 삼지 않고 대금결제를 해주지요. 이런 식으로 문제를 제기하는 것은 바이어가 수출자의 약점을 이용해서 이득을 취하려고 하는 경우가 많아요."

"잠깐만요. 바이어가 물건을 찾으려면 선하증권이 있어야 하잖아요."

"그렇지요."

"근데 바이어가 대금지급을 하지 않으면 은행에서 선하증권을 비롯한 서류들은 바이어에게 주지 않는 거 아닌가요?"

"그렇습니다."

"그러면 바이어는 물건을 찾을 수가 없잖아요."

"물론 바이어의 입장에서 대금결제를 하지 않으면 물건을 찾을 수가 없습니다."

"그렇다면 대금지급을 거부함으로써 바이어가 취할 수 있는 이득이 뭐란 말입니까?"

홍 대리가 따지듯이 물었다.

"바이어가 노리는 것은 수출자의 입장을 곤란하게 만들자는 거죠. 즉 대금지급을 거부함으로써 수출자가 물건을 도로 싣고 가거나 다른 바이어에게 헐값에라도 팔 수밖에 없는 상황으로 몰아가는 거예요."

"궁극적인 목적인 뭔가요?"

"수출자의 약점을 이용해서 부당한 요구를 하는 거죠."

"부당한 요구라면?"

"신용장 대금을 결제하는 조건으로 물건 값을 깎아달라든지 또는 별도의 자금을 송금해 달라는 식으로 말이죠. 아니면 물건이 실려 가는 사이에 시장상황이 급변해서 물건을 찾아봤자 손해인 경우에 서류상 하자를 빌미로 대금지급을 거절할 수도 있어요."

은행원은 바쁠 터인데도 홍 대리의 질문에 상세하게 답변해 주었다. 덕분에 홍 대리는 신용장의 문제점에 대해서 소상히 알게 되었다.

"아무튼 일단 바이어에게 연락해서 해결방안을 찾아보도록 하세요."

"바이어가 끝까지 서류인수에 동의하지 않으면 어떻게 되나요?"

"저희 은행에서 이미 지급한 수출대금을 도로 내놓아야 합니다."

은행원의 목소리는 단호했다.

은행원의 분석은 정확했다. 바이어에게 서류작성상의 실수를 눈감아 달라고 요청하자 기다렸다는 듯이 답신이 날아왔다. 미화 5천 달러를 송금해주면 서류를 인수하겠다는 것이었다. 바이어가 처음부터 의도적으로 서류인수를 거절했다는 것이 분명해졌다. 만일 모델 번호를 빼먹지 않았더라면 또 다른 서류상의 실수를 찾아냈을 것이라는 생각이 들었다.

홍 대리는 잠시 해결책을 생각해 보았다. 5천 달러를 보내서 문제가 해결될 수 있다면 자신의 돈이라도 보내고 싶은 심정이었다. 하지만 5천 달러를 보내더라도 바이어가 서류를 인수한다는 보장이 없었다. 바이어가 서류를 인수하지 않으면 5천 달러만 날리고 문제는 원점으로 돌아가는 상황이었다.

처음부터 의도적으로 서류상의 실수를 트집 잡았다면 애당초 물건에는 관심이 없었을 가능성이 높았다. 더 이상 바이어에게 휘둘리느니 여기서 거래를 마무리 짓는 것이 낫다는 생각이 들었다. 홍 대리는 바이어의 요구를 들어주는 대신에 물건을 도로 싣고 오는 것이 낫다는 결론에 도달했다.

"내가 이럴 줄 알았다니까. 무역을 한 번도 해보지 않은 친구가 오더를 땄다고 해서 기특하게 생각했는데 결국 이런 사달이 벌어지고 말았군. 물건을 싣고 나갔다 도로 싣고 오다니. 공연히 운송비만 날린 거 아닌가? 누가 이 막대한 손해를 책임질 거냐고?"

최 전무의 노여움은 컸다.

"다시는 수출의 '수'자도 꺼내지 말게."

최 전무가 날선 목소리로 말했다. 이 부장의 실망도 컸다. 말로 표현은 하지 않았지만 기대를 걸었던 수출이 처음부터 잘못된 것에 대해서 적지 않게 실망한 눈치였다. 누구보다 실망이 큰 사람은 바로 홍 대리였다. 나름대로 최선을 다했다고 했지만 무역이 생각처럼 만만한 것이 아니었다. 처음 거래하는 해외거래처의 속을 들여다보지 않는 한 이번 일과 같은 실수를 되풀이하지 않는다는 보장이 없었다.

홍 대리는 말없이 사무실을 나와서 무작정 걷기 시작했다. 그동안 무역을 너무 쉽게 생각하고 안이하게 대처했다는 후회가 밀려왔다. 그나마 물건을 도로 싣고 옴으로써 피해를 최소화했기에 망정이지 하마터면 가뜩이나 자금난에 허덕이는 회사에 치명적인 손해를 입힐 뻔하지 않았는가.

무엇보다도 자신을 믿고 지원해 준 이 부장을 궁지로 몰아넣었다는 사실이 안타까웠다. 가뜩이나 최 전무의 눈 밖에 나 있는 이 부장의 입지가 이번 일로 해서 더욱 좁아질 것이 분명했다. 그뿐이 아니었다. 최 전무로 하여금 해외시장 진출에 대한 반대 목소리를 높일 수 있는 확실한 명분을 제공한 꼴이 되어버렸다. 이 모든 것이 자신의 부족함 때문이라고 생각하니 마음이 무거웠다.

"그러게 내가 뭐라고 했나. 해외시장 진출의 성공여부는 제대로 된 바이어를 만나느냐에 달려있다고 하지 않았나?"

나승환 소장은 그런 일이 벌어질 줄 알았다는 듯이 담담한 어조로 말했다.

"누구나 한 번쯤은 겪는 과정이니 너무 의기소침해 하지는 말게."

나 소장의 위로에 조금이나마 기운을 차린 홍 대리가 고민을 털어놓았다.

"이미 일어난 일은 어쩔 수 없다 해도 앞으로가 걱정이에요. 그런 사기꾼을 다시 만나지 않는다는 보장이 없잖아요."

"이 세상에 100퍼센트 확실한 건 없네. 특히 외국에 있는 사람과 물건을 사고파는 무역의 경우에 100퍼센트 안전한 거래를 기대한다는 건 그야말로 희망사항에 불과하네. 어느 정도의 위험은 감수하고서라도 새로운 시장에 진출하려는 의지가 필요한 거지. 모든 사업과 마찬가지로 무역도 장기적인 안목으로 접근할 필요가 있네."

"하지만 저희 회사의 상황이 워낙 급해서요."

"그래서 내가 요령을 알려주겠네."

"무슨 요령을요?"

"무역사기를 당하지 않는 요령 말일세."

"그런 요령이 있어요?"

홍 대리가 미심쩍은 표정으로 나 소장을 쳐다봤다.

"대부분의 무역사기는 일을 서두르다가 당하게 마련이네. 예를 들어 신용장이 도착하지도 않았는데 생산에 착수한다든지, 송금했다는 말만 믿고 물건을 싣는 경우지. 신용장이 도착한 후에 생산에 들어가고 입금이 확인된 후에 물건을 싣는다면 문제될 것이 없는데, 일을 서두르다가 낭패를 보는 걸세."

"어떤 식으로 낭패를 보는 건가요?"

"바이어 쪽에서 수출자가 생산에 착수한 걸 확인하고 신용장 개설을 미루면서 무리한 조건을 내세울 수도 있고, 실제로 돈을 보내지 않고 가짜 송금확인서 사본을 보내서 선적을 유도한 다음에 물건을 갖고 튈 수도 있지."

"제 경우는 그런 것 하고는 다른 것 같은데요."

"물론 자네가 당한 케이스는 다르지. 하지만 자네가 당한 것도 결국은 일을 서두르다 당한 경우라고 볼 수 있네."

"……."

"이메일만 주고받은 상태에서 오더를 받았다면 한번쯤 상대방의 입장에서 생각해 보았어야 하네. 자네라면 제품의 사진만 보고 처음부터 대량의 주문을 하겠나. 제대로 된 바이어라면 일단 소량의 제품을 들여가서 시장반응을 본 다음에 차츰 주문량을 늘려가는 게 정상 아니겠나?"

"듣고 보니 그러네요."

"첫 오더부터 물량이 많아서 좋다고 생각하기 전에 나라면 그런 식으로 오더를 할 수 있을까를 먼저 생각해 봤어야지. 미처 그런 생각을 하지 못한 건 하루속히 수출량을 늘리겠다는 조급함에서 비롯된 것이네. 결국 일을 서두르다 사기꾼의 농간에 넘어간 셈이야."

나 소장은 잠시 호흡을 가다듬고 나서 다시 입을 열었다.

"무역이란 농사짓는 것과 마찬가지네."

"농사를 짓다뇨?"

"농사를 지으려면 어떻게 해야 하나? 봄에 씨를 뿌리고 여름 내내 정성을 들여야만 가을에 수확을 할 수 있는 거 아닌가? 사정이 급하다고 씨를 뿌리자마자 수확을 기대할 수는 없지 않은가? 모든 건 시간이 지나야 과실을 거두게 마련이라네. 무역의 경우에도 상당한 숙성기간이 지나야만 비로소 과실을 거둘 수 있단 걸 잊지 말게."

나 소장의 말은 틀림없었지만 지금 홍 대리가 처한 상황에서는 받아들이기 힘든 얘기였다. 당장 회사가 무너질 지도 모르는 상황에서 언제 과실이 익기를 기다린단 말인가. 홍 대리는 다시 한 번 무거운 마음으로 발길을 돌릴 수밖에 없었다.

아침부터 홍 대리는 최성식 차장에게 불려갔다. 최 차장의 표정은 잔뜩 찌푸려져 있었다.

"해외시장에 진출하게 됐다고 기고만장하더니 결국 이 꼴이 뭔가?"

"……."

"국내영업도 제대로 못하면서 해외영업을 하겠다고 나서더니 결국 회사에 손해만 끼치지 않았나? 선무당이 사람 잡는다고 무역에 대해서 잘 알지도 못하면서 무역을 하겠다고 설쳐대더니…….”

최 차장은 그동안에 쌓였던 감정을 한꺼번에 풀어놓으려고 작정을 한 것 같았다. 홍 대리가 두바이 업체와의 수출오더를 성사시키고 나서부터 최 차장은 소외감을 떨쳐버릴 수 없었다. 수출오더 건에 대해서 최 차장이 끼어들 여지가 없었다. 차기 영업부장을 노리던 최 차장으로서는 자존심이 상할 수밖에 없는 상황이었다.

“홍 대리는 엄연히 국내영업부 소속이야. 더 이상 해외영업을 한답시고 국내영업을 등한시 하는 걸 용납할 수 없네. 앞으로 매일 아침 업무일지를 제출하라고. 알았어?”

최 차장이 말을 쏟아내는 동안 홍 대리는 묵묵히 듣기만 했다. 최 차장이 한 말은 모두가 사실이었다. 비록 회사가 어려움에 처했다고는 하나 아무런 실전 경험도 없이 무역을 하겠다고 나선 것은 누가 보더라도 무모한 생각이었다. 아무리 나승환 소장이 최고의 무역전문가라고 해도 급하게 무역을 배워서 아무 문제없이 무역거래를 마무리 지을 수 있을 거라고 생각한 것부터가 순진한 발상이 아닐 수 없었다.

“힘내.”

최 차장이 자리를 뜬 걸 확인한 방 대리가 홍 대리를 위로했다.

“당분간 국내영업 일은 내게 맡기고, 해외시장을 개척하는 데만 신경을 써."

"방 대리가 맡은 일만 해도 바쁠 텐데……."

"이래봬도 내가 해병대 출신이잖아. 일당백은 아니더라도 두세 사람 몫은 너끈히 책임질 수 있으니 걱정 말라고."

방 대리가 자신감 넘치는 목소리로 말했다.

"공연히 폐를 끼치는군."

"에이…… 우리 사이에 무슨 그런 소리를 해. 지금 홍 대리의 두 어깨에 미래전자의 미래가 달려 있다고. 홍 대리가 해외시장을 개척하는 데 실패하면 더 이상 희망이 없는 상황이잖아. 우리 해병대 구호 중에 '안 되면 될 때까지'라는 말이 있어. 끝까지 포기하지 말고 밀어붙이라는 거지. 자, 힘을 내라고."

방 대리가 홍 대리의 어깨를 두드렸다.

2장 추격자

후계자

제이테크의 변종수 상무는 사장실 앞에서 잠시 호흡을 가다듬었다. 오랜만에 허준표 사장과의 단독면담을 앞두고 있었다.

"어서 오세요."

허 사장이 직접 문을 열고, 변 상무를 안으로 안내했다.

"자주 뵈어야 하는데……."

허 사장은 변 상무를 영입한지 꽤 시간이 흘렀지만 깍듯이 존댓말을 썼다. 나이로도 한참 위였지만 한성그룹의 해외영업을 진두지휘했던 원로에 대한 예우였다. 변 상무가 합류한 이후 제이테크의 해외영업실적은 괄목할만한 신장세를 보이고 있었다.

미국으로의 수출이 급증하였고, 유럽 및 동남아시아는 물론 중동 및 중남미에 이르기까지 신규시장 개척도 활발하게 진행되었다. 이런 과정에서 한때 변 상무가 지휘했던 한성그룹의 해외영업조직으로부터 전폭적인 지원을 받았음은 물론이다.

"새로운 뉴스라도 있습니까?"

허 사장이 물었다.

"파나마의 신규 바이어로부터 오더를 받았습니다."

"파나마라면 파나마 운하를 끼고 있는 작은 나라 말씀하시는 겁니까?"

"그렇습니다. 파나마 자체는 인구도 작고 시장도 크지 않지만, 인근 중남미 국가들을 대상으로 하는 중계무역이 활발하게 이루어지고 있습니다. 중남미시장 진출의 교두보 역할을 기대할 수 있는 곳이지요. 일단 파나마를 통해서 베네수엘라나 콜롬비아 시장에 진출하는 한편, 멕시코와 브라질 같이 큰 시장에는 별도의 라인을 통해서 진출할 계획입니다."

"다른 지역 상황은 어떻습니까?"

"중남미 시장과 마찬가지로 일단 각 지역 중계무역국을 중심으로 교두보를 확보해 나가는 전략을 구사하고 있습니다."

"중계무역국이라면?"

"유럽의 네덜란드와 벨기에, 동남아시아의 홍콩과 싱가포

르 그리고 중동의 두바이가 대표적인 중계무역국이지요."

"중계무역국을 활용하면 초기 시장개척은 쉽겠지만 장기적으로 각국 시장에 뿌리를 내리는 데는 한계가 있을 것 같은데요."

"그래서 지역별로 시장규모가 큰 나라, 예를 들면 유럽의 독일이나 프랑스, 이탈리아, 영국 등지에는 별도로 현지의 수입상들을 직접 접촉하고 있습니다."

"역시 변 상무님이 세계시장을 보는 눈은 탁월하십니다."

허 사장이 엄지손가락을 치켜세웠다.

"과찬이십니다."

변종수 상무는 겸손한 표정을 지어 보였다. 한성그룹의 해외영업을 총괄하던 변 상무로서는 제이테크의 허 사장을 도우라는 강병국 회장의 지시가 예사롭지가 않았다. 누가 보더라도 한성그룹의 핵심멤버인 자신을 허 사장 곁으로 보내려는 것은 허 사장에 대한 강 회장의 기대가 남다르다는 걸 단적으로 보여주는 증거였다. 변 상무는 본능적으로 허 사장이 강 회장의 후계자가 될 가능성이 높다는 결론에 도달했다. 한성그룹의 후계자에게 인정을 받기 위해서라도 제이테크의 해외시장 개척에 한 치의 착오도 있어서는 안 됐다.

"참, 미래전자에서 해외시장 진출을 시도하고 있다는 정보가 입수됐습니다."

잠시 침묵을 깨고 변 상무가 말했다.

"미래전자가요? 미래전자에는 해외영업조직이 없는 걸로 알고 있는데요."

"저도 그렇게 알고 있습니다만…… 최근에 미래전자에서 두바이 쪽에 물건을 내보냈다가 도로 싣고 들어온 사실이 확인되었습니다."

"그런 정보를 어떻게……."

허 사장이 이상하다는 표정을 지었다.

"저희 회사의 통관 업무를 대행해주는 관세사로부터 들은 얘깁니다. 미래전자 측 관세사와 아는 사이라고 하더군요."

"물건을 내보냈다가 도로 싣고 왔다면 뭔가 잘못됐다는 거 아닙니까?"

"그렇습니다. 웬만해선 해외로 내보낸 물건을 도로 싣고 오는 경우가 드문데, 아마 무역사기에 휘말린 것 같습니다."

"어쨌든 미래전자에서 해외시장 진출을 시도했다는 건 주목할 만한 사실입니다. 제이테크가 후발주자로서 미래전자를 넘어설 수 있었던 것은 그들보다 앞서 해외시장 진출에 성공했기 때문이죠. 만약 미래전자에서도 해외시장 진출에 성공한다면, 제이테크의 입지는 좁아질 수밖에 없습니다. 무슨 수를 써서라도 미래전자가 해외시장에 진출하는 걸 막아야 합니다."

"하지만 그게 현실적으로 쉬운 일이 아닙니다. 물리적으로 막을 방법도 없고요."

"그게 힘들다면 최소한 미국시장에 진출하는 것만이라도 막아야 합니다. 미래전자가 미국시장에 진출하면 우리가 내세우는 광고 전략에도 차질이 빚어집니다. 반드시 막아야 합니다."

"방법을 강구해 보겠습니다."

"상무님만 믿겠습니다."

허 사장의 목소리에는 진심이 담겨 있었다. 최근 들어 허 사장은 업계순위 3위에 올라 있는 명성전자를 인수하기 위한 작업에 몰두하느라 제이테크의 현안문제를 직접 챙기지 못한지 꽤 되었다. 특히 해외영업 관련 업무는 변 상무에게 전권을 위임하다시피 했다. 그만큼 변 상무의 능력을 믿었기 때문이다.

미래전자가 해외시장 진출을 시도하고 있다는 소식을 듣는 순간 허 사장에겐 까닭 모를 불안감이 엄습해 왔다. 제이테크의 성공을 기반으로 한성그룹의 후계자 자리를 차지하겠다는 자신의 계획에 차질이 생길지도 모른다는 걱정이 밀려들었다.

허 사장은 한동안 손대지 않던 담배 함을 열었다.

반격의 시작

이메일을 체크하던 홍 대리는 발송인의 주소가 낯선 메일 한 통을 발견했다. 스팸일지도 모른다는 생각에 잠시 망설이다가 메일을 열어보았다. 뜻밖에도 현주가 보낸 메일이었다.

처음으로 메일을 보내려니 이상하네. 다름 아니라 미국시장에 대한 정보를 입수한 게 있어서 보내주려고. 파일 열어보고 이상 있으면 전화해.

\- 현주

메일의 내용은 지극히 간단했다. 너무 간단해서 야속할 정도였다. 그래도 현주로부터 메일을 받았다는 사실이 특별한 의미로 다가왔다. 의식을 하지 않으려고 해도 현주에 대한 특별한 감정은 억누를 수가 없었다.

파일은 A4 용지 두 장 정도의 보고서 형식으로 작성되어 있었다. 거기엔 미국시장의 개황과 더불어 주요 수입 판매업체에 관한 정보가 정리되어 있었다.

"어떻게 된 거야?"

전화가 연결되자마자 홍 대리가 물었다.

"아, 선배. 메일 받았어?"

"방금. 이런 고급정보를 어떻게 입수한 거야?"

"이래봬도 미국에 내 정보원들이 쫙 깔려있다고."

"정보원이라니?"

"미국 본사에 있는 친구한테 부탁한 거야."

그제야 홍 대리는 현주가 미국방송사의 서울지사에 근무하고 있다는 사실이 생각났다.

"아무리 친해도, 업무와 상관없는 부탁을 했단 말이야?"

홍 대리는 '나 때문에' 라는 말을 붙이려다가 그만두었다.

"그래도 되는 사이야."

현주가 덤덤하게 말했다.

"그나저나 내가 미국시장 정보가 필요하다는 건 어떻게 알았어?"

"아빠한테 들었어."

"소장님한테?"

"아빠가 선배를 잘 본 모양이야."

"잘 보다니?"

"여간해선 나한테 부탁 같은 거 안 하시는 분인데 일부러 전화를 하셨더라고. 선배가 회사에서 곤란한 처지에 놓여 있는 거 같다고 내가 도울 일이 있으면 도와주라고."

"아무튼 고마워. 이 은혜를 어떻게 갚지?"

"은혜는 무슨. 잠깐만."

전화기 너머로 정체를 알 수 없는 소음이 들렸다.

"미안해 선배. 지금 인터뷰 가는 길이라."

현주의 바쁜 모습이 느껴졌다.

"그래. 다음에 또 전화할게."

홍 대리는 서둘러 전화를 끊었다.

홍 대리는 현주가 보내준 자료를 꼼꼼히 살펴보았다. 자료에 따르면 현재 미국시장에서 두각을 나타내고 있는 업체는 세 곳이었다. 그중에서 시장점유율이 가장 높은 업체는 해리스전자라는 업체였는데, 이미 한국의 제이테크와 거래를 하고 있었다.

제이테크가 미국시장에 성공적으로 진출한 것은 해리스전자와의 거래를 틈으로써 가능했다. 신규업체와의 거래에 까

다롭기로 소문난 해리스전자와의 거래를 트기까지는 한성그룹의 직간접적인 지원이 크게 작용하였다.

홍 대리는 해리스전자와 경쟁관계에 있는 나머지 두 회사의 면면을 살펴보았다. 그중 한 업체는 수입품보다는 자신들이 직접 운영하는 해외공장에서 생산한 물건을 판매하는 데 주력하고 있었다.

나머지 한 업체는 일본과 중국으로부터 물건을 수입해서 팔고 있었다. 모어스전자라는 업체였는데, 업계 1위 자리를 놓고 해리스전자와 치열한 경쟁을 벌이고 있었다.

홍 대리는 일단 모어스전자를 공략해 보기로 마음을 정하고, 장문의 거래제의 서신을 작성했다. 원래 거래제의 서신을 작성할 때는 가급적 간단명료하게 작성하는 것이 효과적이라는 의견이 지배적이었다. 의욕이 앞서서 장황한 설명을 늘어놓으면 휴지통으로 직행할 가능성이 높다는 것이었다.

홍 대리는 그러한 의견에도 불구하고 미래전자라는 회사와 제품을 소개하는 데 지면을 아끼지 않았다. 미래전자가 이미 미국에 진출한 제이테크와 한국시장에서 치열하게 경쟁하고 있다는 사실도 부각시켰다.

해리스전자와 경쟁관계에 있는 모어스전자의 관심을 끌기 위한 전략이었다. 홍 대리는 작성한 거래제의 서신을 몇 차례나 읽어본 후 국제특송편으로 발송했다. 이메일로 보냈다가는 스팸취급을 당할 지도 모른다는 염려 때문이었다.

"이번에는 확실한 건가?"

이 부장이 가라앉은 목소리로 말했다. 첫 번째 수출시도가 실패로 돌아간 후, 이 부장의 입지는 좁아질 대로 좁아져 있었다. 국내영업 부진에 대한 책임을 면하려고 되지도 않을 해외시장 진출에 목을 매고 있다는 식의 비판이 끊이질 않았다. 그래도 홍 대리에게 수출업무에서 손을 떼라는 지시를 내리진 않았다. 회사가 살 길은 수출밖에 없다는 생각에는 변함이 없었다.

"일단 미국에서 업계 1, 2위를 다투는 업체인 것만은 틀림없습니다."

"그런 업체에서 우리의 거래 제안을 받아들인다는 보장이 있나. 이미 거래하고 있는 업체가 있을 거 아닌가?"

"제가 조사한 바로는 지금 일본과 중국 쪽에서 수입하고 있는데 승산이 있습니다."

"승산이라니?"

"일본제품은 품질은 좋지만 가격경쟁력이 떨어지고, 중국제품은 가격경쟁력은 있지만 품질 면에서 일본제품을 따라가지 못하고 있는 실정입니다. 품질과 가격 면에서 고루 경쟁력을 갖추고 있는 우리의 제품이 외면당할 이유가 없습니다."

"그건 자네 생각이고. 신규업체와의 거래가 그렇게 쉽게 결정되는 게 아니라는 걸 자네도 잘 알지 않는가. 이제까지 한국제품을 취급하지 않았다는 건 나름대로 이유가 있을 것이고."

이 부장의 반응은 차가웠다. 평소의 그답지 않게 비관론을 펼치는 데 주저하지 않았다. 첫 번째 수출이 실패로 돌아간 후유증처럼 보였다.

"모어스전자와 경쟁관계에 있는 해리스전자에서 제이테크의 제품을 수입해서 재미를 보고 있습니다. 미국시장에서 한국산 제품의 경쟁력이 이미 입증이 된 셈이지요. 저희 제품이 제이테크의 제품과 견주어 손색이 없다는 걸 납득시키면 좋은 결과를 기대할 수 있을 것 같습니다."

홍 대리가 나름대로의 생각을 늘어놓았다.

"일단 답장을 기다려 보세."

이 부장이 담담한 어조로 말했다.

모어스전자로부터의 회신은 예상 외로 빨리 왔다. 국제특송편으로 거래제안서를 보낸 것이 주효한 듯 했다. 하지만 회신의 내용은 실망스러웠다. 거래제안서를 보내주어서 고맙고 검토한 후에 나중에 연락하겠다는 의례적인 내용이었다. 해외업체들을 접촉한 지 얼마 되지 않았지만, 나중에 연락하겠다는 업체치고 다시 연락을 취해 온 경우를 보지 못했다.

홍 대리는 잠시 생각에 잠겼다. 이제 어떻게 할 것인가? 모어스전자로부터 긍정적인 답변이 올 것으로 예상하고 다른 대안을 준비해 둔 것이 없었다. 아무리 낙관적인 상황이더라도 항상 최악의 상황에 대비해야 하는 것이 비즈니스의 기본이었다. 하지만 홍 대리는 의식적으로 최악의 상황을 머릿속에서 지워버리려고 애썼다. 생각대로 된다는 두려움 때문이었다.

홍 대리는 모어스전자에서 미래전자의 거래 제안에 적극적인 관심을 갖지 않는 이유가 뭔지를 생각해 보았다. 품질에서는 일본제품에 떨어지고, 가격경쟁력에서는 중국제품에 밀리는 애매한 제품이란 판단 때문이었을까? 경쟁사인 해리스전자에서 이미 한국제품을 취급하고 있는 판에 유사한 제품을 가지고 경쟁을 하기 싫어서일까?

어떤 경우든 모어스전자로부터 나중에 연락하겠다는 답장이 온 이상 기다리는 수밖에 달리 방법이 없었다. 이쪽 상황이 급하다고 상대방을 몰아붙이다간 역효과만 불러 올 확률이 높았다. 연애를 할 때도 상대방에서 달려들면 한 걸음 뒤로 물러나게 되지 않는가?

이탈리아 클레임

홍 대리는 일단 미국시장에 진출하는 걸 다음 기회로 미루고 유럽시장 쪽에서 기회를 찾아보기로 했다. 애써 미국시장 정보를 제공해 준 현주에게는 면목이 없었지만 다른 방도가 없었다. 우선 시장규모가 큰 독일, 프랑스, 이탈리아 등을 1차 목표로 정하고, 인터넷 검색을 통해서 각국에서 팔리는 제품과 취급업체를 확인했다.

유럽시장의 상황도 미국시장과 크게 다를 바 없었다. 유럽 내에서 생산된 물건을 파는 회사는 극소수였고, 대다수의 회사들이 일본이나 중국에서 수입해서 팔고 있었다. 유럽시장에 선보인 제품들은 미국시장에서 팔리는 제품과 다르지 않았다. 간혹 생소한 브랜드가 눈에 뜨였지만 유럽인의 기호에

맞춰 이름을 바꾼 경우였다.

홍 대리는 각국의 주요 업체를 상대로 장문의 거래제의 서신을 작성해서 국제특송편으로 발송했다. 모어스전자와 접촉한 것과 같은 방식이었다. 비록 거래관계를 수립하는 데는 실패했지만, 모어스전자로부터 회신을 받은 것으로 보아 이메일보다는 국제특송편으로 거래제의 서신을 보내는 것이 효과적이라는 사실이 입증된 셈이었다.

거래제의 서신을 보내고 나서 몇 군데 업체와 연락을 주고받았지만 즉각 오더로 연결되지는 않았다. 그러던 어느 날 메일을 체크하던 홍 대리는 'order placed'라는 제목의 메일을 발견했다.

내용은 간단했다. 이탈리아 업체에서 보낸 메일이었는데 오더내역과 함께 물건이 급하게 필요하니 바로 보내줄 수 있는지를 알려달라는 내용이었다. 즉각 선적이 가능하면 proforma invoice를 보내달라는 내용도 덧붙여 있었다.

홍 대리는 두바이 바이어에게 당한 기억을 떠올리며 이탈리아 업체에서 보내 온 메일을 꼼꼼히 살펴보았다. 하지만 메일 내용만 가지고는 상대방의 진의를 파악하는 것이 쉽지 않았다. 거래를 트기 전에 신용조사기관을 통해서 상대방에 대한 객관적인 자료를 확인할 수도 있지만, 그것만으로 상대방의 신용상태를 100퍼센트 확신할 수는 없었다.

모든 인간관계와 마찬가지로 상대방의 진면목을 확인하는 데는 실제로 겪어보는 것보다 더 좋은 방법이 없었다. 홍 대리는 일단 오더를 진행하기로 마음을 정하고, 이 부장에게 보고했다.

"이번에는 틀림없나?"

이 부장의 표정에는 기대와 걱정이 교차되었다.

"조심해서 추진하겠습니다. 그나저나 최 전무님의 허락을 받아야 할 텐데……."

두바이 수출 건이 실패로 돌아간 후 모든 은행거래는 최 전무의 사전 결제를 받아야만 했다. 당장 신용장을 받는 것부터 은행을 통해야 했으므로 최 전무 모르게 수출을 진행시킬 방법이 없었다.

"그 문제는 나에게 맡기고 바이어나 잘 챙기게."

"알겠습니다."

홍 대리는 자리로 돌아와 바이어에게 보낼 proforma invoice를 작성했다. 한 번 작성한 경험이 있어서 어렵지 않았다. FOB 조건의 가격과 L/C를 결제방식으로 명시한 proforma invoice를 작성한 홍 대리는 신용장이 도착하는 대로 물건을 실을 수 있다는 메시지와 함께 바이어에게 발송했다.

이제 바이어가 신용장을 개설하고 물건을 실어 보내면 한 건의 오더를 마무리 짓게 되는 것이다. 이번에는 한 치의 착오 없이 오더를 진행하리라. 홍 대리는 다짐했다. 잠시 후 이 부장이 굳은 표정으로 나타났다.

"전무님 허락은 받았으니 은행 업무에 차질 없도록 하게."

이 부장의 표정으로 보아 최 전무의 허락을 받아내기가 쉽지 않았다는 걸 느낄 수 있었다. 하지만 홍 대리는 모른 척하고 씩씩한 목소리로 말했다.

"염려 놓으세요."

이탈리아 업체와의 거래는 일사천리로 진행되었다. proforma invoice를 보내자마자 신용장이 개설되었고, 신용장이 도착하자마자 물건을 준비해서 포워더와 관세사에게 각각 운송과 통관 업무를 맡김으로써 물건이 선적될 수 있도록 했다. 그런 다음 commercial invoice, packing list, bill of lading과 같은 신용장에서 요구하는 서식을 준비해서 은행에 제출하고 수출대금을 수령함으로써 수출업무를 마무리 지었다.

홍 대리는 이탈리아 업체의 오더를 처리하는 과정에서 무엇보다도 신용장에 문제가 될 소지가 있는 문구가 없는지를 꼼꼼히 살펴보았다. 두바이 수출 건과 같은 실수를 되풀이하지 않기 위함이었다.

다행히 이탈리아 업체에서 개설한 신용장에는 문제의 소지가 될 만한 문구가 눈에 띄지 않았다. 지난번처럼 은행에서 이미 지급한 신용장대금을 반납하라는 연락도 오지 않았고, 바이어로부터도 별다른 이의제기가 없었다.

홍 대리는 비로소 한 건의 오더가 무사히 마무리된 것에 대해서 안도의 한숨을 내쉬었다. 하지만 그걸로 끝이 아니었다. 물건이 도착한지 한 달이나 지나서 바이어로부터 메일이 날아왔는데 일부 물건에 하자가 있다는 것이었다. 홍 대리는 당황스러웠다. 하자가 있으면 물건을 받자마자 얘기할 것이지 이제 와서 하자를 트집 잡는 것은 무슨 꿍꿍이 속인가?

지난번엔 서류상의 하자 때문에 고생을 했는데 이번에는 물건에 하자가 있다니……. 이런 경우는 어떻게 풀어나가야 한단 말인가? 한참을 고심하던 홍 대리는 결국 나 소장에게 조언을 구하기로 하고 가평으로 차를 몰았다.

"이탈리아 업체의 이의제기가 잘못됐다고 할 순 없네."

홍 대리에게 자초지종을 들은 나 소장이 입을 열었다.

"물건이 도착하고 한 달이나 지났는데도요?"

"물론 물건이 도착하자마자 하자 여부를 확인해서 통보해준다면야 더할 나위 없지. 하지만 현실적으로 수입품을 한 달 이내에 모두 확인한다는 게 쉬운 일이 아닐세. 그래서 중요한 계약을 할 때는 클레임 제기시한을 정해두는 것이 좋네."

"클레임 제기시한이 뭐예요?"

"우선 클레임이란 계약의 당사자 중 일방이 계약을 지키지 않았을 때 피해를 입은 쪽에서 상대방에게 불만을 제기하는 걸 뜻하지. 무역클레임 중에서 가장 대표적인 것이 품질에 대한 불만인데, 클레임 제기시한을 정해두지 않으면 수출자와 수입자 간에 또 다른 분쟁의 씨앗이 될 수 있네."

"또 다른 분쟁이라뇨?"

"수출자는 물건이 도착하자마자 제기하는 클레임만 받아들이려 할 것이고, 수입자는 기간과 상관없이 하자가 발견되는 모든 물건에 대해서 무조건 보상해달라고 주장할 것이기 때문일세."

"그런 분쟁을 막기 위해서 사전에 클레임을 제기할 수 있는 시한을 정해두는 것이 좋다는 말씀이네요."

"그렇지."

"제기시한은 그렇게 정한다고 치고 클레임은 어떤 식으로 해결하나요?"

"가장 바람직한 해결방법은 당사자 간에 우호적으로 처리하는 걸세."

"당사자 간에 합의가 되지 않으면요?"

"그땐 어쩔 수 없이 제3자의 판단에 따를 수밖에 없지."

"어떤 식으로요?"

"제3자에 의한 해결방법에는 알선, 조정, 중재, 소송 등의 방법이 있네. 이 중 알선이나 조정의 경우에는 당사자가 동의를 해야만 강제력이 발생하기 때문에 당사자가 동의하지 않으면 중재나 소송을 통해서 문제를 해결할 수밖에 없네."

"중재와 소송의 차이가 뭔가요?"

"중재는 민간기구인 상사중재원의 판정에 따르는 것이고, 소송은 사법기관인 법원의 판정에 따르는 걸세."

"절차가 복잡하진 않나요?"

"아무래도 소송보다는 중재를 통해서 문제를 해결하는 것이 수월하지. 그래서 중요한 계약을 체결할 때는 반드시 중재조항을 넣어두는 것이 좋다네. 중재와 관련한 보다 자세한 내용은 대한상사중재원의 웹 사이트(www.kcab.or.kr)를 참고하도록 하게."

"그밖에 클레임을 처리할 때 주의해야 할 건 없나요?"

"우선 클레임이 제기되면 최우선적으로 처리하도록 신경을 써야 하네. 개중에는 오더를 협의할 때는 즉각 답장을 하다가도 클레임이 제기되면 침묵을 지키거나 제때 답장을 보내지 않아서 상대방의 애를 태우는 경우가 있는데, 결코 바람직한 태도라고 할 수 없네."

"클레임이 제기되면 일단 답장부터 하고 봐야겠네요."

"그렇지. 시시비비야 나중에 가리더라도 일단 클레임이 제기되면 바로 답장을 보내서 안심하고 거래할 수 있는 상대라는 인식을 심어주는 것이 중요하네."

"명심하겠습니다."

홍 대리가 이탈리아 업체에게 아직 답장을 보내지 않은 것을 떠올리며 말했다.

"또 한 가지 명심할 것은……"

나 소장이 홍 대리의 주의를 환기시켰다.

"장기적인 관점에서 클레임을 다루어야 한다는 걸세."

"장기적인 관점이라면?"

"클레임이 제기된 오더에 집착하지 말고 장기적인 거래관계를 고려해서 융통성 있게 대처하라는 거지. 당장의 손해를 줄이겠다고 아등바등하지 말고, 다소간의 손해를 감수하고서라도 좋은 관계를 유지하라는 걸세."

"대를 위해서 소를 버릴 줄도 알아야 한다는 말씀이네요."

"바로 그걸세."

"새겨두겠습니다."

"마지막으로 하나만 더 얘기하겠네."

"……"

"무역을 하다보면 이런 저런 문제와 클레임에 연루되기 마련이네. 어떤 때는 문제가 너무 심각해서 도저히 해결할 수 없을 것 같은 생각이 들 때도 있을 걸세. 하지만 이 세상에 해결할 수 없는 문제란 없네. 시간이 지나면 어떤 식으로라도 해결이 되기 마련이지. 'Time settles everything'이란 말도 있잖은가. 내가 무역 일을 하면서 어려운 일이 생길 때마다 항상 마음 속에 되새겼던 구절이 바로 이것일세. 어떤 클레임이라도 시간이 지나면 결국은 해결되기 마련이네. 그러니 클레임이 걸렸다고 스트레스 받지 말고 담담한 마음으로 받아들이게나."

나 소장의 말을 듣고 나니 홍 대리의 마음이 한결 가벼워졌다.

"그럼 오늘은 이만 물러가겠습니다."

홍 대리가 일어날 채비를 했다.

"왜 좀 더 있다 가지 않고."

"빨리 가서 이탈리아 업체에게 답장을 보내려고요."

"이 친구 오늘 배운 걸 바로 써먹는구먼."

나 소장이 환하게 웃었다.

홍 대리는 사무실에 돌아오자마자 이탈리아 업체에 보낼 답장을 작성했다. 물건에 하자가 발생한 것에 대해서 진심으로 사과하며, 하자로 인한 손해는 완벽하게 보상해줄 터이니 안심하라는 내용이었다.

클레임으로 인한 손해배상 문제는 이 부장이나 최 전무에게 보고해야 할 사안이었지만 바이어와 원만한 합의를 보기 전에는 비밀에 부치기로 했다. 미리 보고했다가 당장의 손해를 최소화하라는 지시라도 내려지면 바이어와의 협상이 어긋나버릴 수도 있기 때문이었다. 어차피 이번 일마저 잘못되면 더 이상 회사에 발을 붙일 수 없는 상황이었다. 홍 대리는 나 소장이 일러준 전략대로 밀어붙이기로 했다. 대를 위해서 소를 희생하리라.

다음 날 이탈리아 업체로부터 메일이 왔다. 신속한 답장에 감사하며 확인 결과 하자내용이 경미하여 현지에서 수리가 가능하니 걱정하지 말라는 것이었다. 아울러 시장의 반응이 나오는 대로 재 오더를 하겠다는 내용도 들어 있었다. 결제 라인을 무시하고 자기 맘대로 손해를 보상해 주겠다고 약속했던 홍 대리로서는 전혀 예상치 못한 바이어의 답장에 어안이 벙벙할 뿐이었다.

클레임이 들어오면 최우선적으로 장기적인 관점에서 처리하라는 나 소장의 조언을 따른 것이 주효한 것 같았다. 무역도 결국 사람이 하는 것인데 같은 상황에서 답장을 질질 끌면서 약을 올렸더라면, 이와 같은 호의적인 회신을 받지는 못했을 것이다.

홍 대리는 이제야 한 건의 오더를 완벽하게 마무리 짓고 재 오더까지 기대할 수 있게 되었다는 생각에 마음이 뿌듯해졌다. 모든 일이 처음이 힘들지, 그 다음부터는 쉬워지는 법이다. 이제부터 자신감을 갖고 본격적으로 해외시장 개척에 나서리라.

홍 대리의 기대와는 달리 이탈리아로부터의 재 오더는 좀처럼 진전이 없었다. 금방이라도 오더를 할 것 같았던 이탈리아 업체는 차일피일 오더발주를 미루더니 슬그머니 발을 빼고 말았다. 신규 거래처를 통해서 새로운 시장에 뿌리를 내리기가 얼마나 어려운지를 절감할 수밖에 없었다. 이탈리아 업체의 노력에도 불구하고 기존에 시장을 장악하고 있던 경쟁업체에서 신제품의 진입을 허용하지 않았던 것이다.

그 사이 회사의 상황은 악화일로를 걷고 있었다. 매출액은 좀처럼 회복될 기미를 보이지 않았고, 금융기관으로부터의 대출상환 독촉이 이어졌다. 해외시장을 개척하는 것조차 실패로 돌아간 지금 단시일 내에 상황을 역전시킬만한 카드는 더 이상 존재하지 않았다. 결국 회사에서는 인원감축이라는 최후의 수단을 강구하기에 이르렀다.

"제 이름도 넣어주세요."

대기발령자 명단을 짜느라고 고심하는 이 부장에게 홍 대리가 먼저 말했다.

"뭔 소리야? 자넨 끝까지 남아서 해외영업을 계속해야지."

이 부장의 표정은 침울했다.

"대기발령을 받더라도 당장 회사를 그만 두는 건 아니니까 해외영업은 계속 할 수 있잖아요. 대기발령이 나면 국내영업에서 완전히 손을 뗄 테니까 오히려 해외영업에 집중할 수 있어서 좋을 것 같아요."

홍 대리가 애써 밝은 목소리로 말했다. 말은 그렇게 했지만 일단 대기발령을 받으면 언제 회사를 그만둘지 모르는 상황이란 걸 잘 알고 있었다. 빠른 시일 내에 상황을 역전시킬 만한 대형오더를 성사시키지 못하면 영영 회사를 떠나야 할지도 모르는 상황이었다.

퇴근길의 호프집은 많은 사람들로 북적거렸다.

"자, 한 잔 쭉 들이켜."

방 대리가 홍 대리의 잔에 맥주를 가득 채운 뒤 말했다. 홍 대리는 잔에 입을 대는 시늉만 하고 내려놓았다.

"이 친구 술 못 마시는 건 여전하군. 그런 술 실력을 가지고 지금까지 영업부에서 어떻게 버텼는지 정말로 신기하단 말이야."

방 대리가 딱하다는 듯이 홍 대리를 쳐다봤다.

"이젠 술에 의지해서 영업을 하는 시대는 지나갔다고요."

임 주임이 끼어들었다.

"명심하겠습니다."

방 대리가 임 주임을 쳐다보며 머리를 조아리는 시늉을 했다. 임 주임이 밝게 웃었다. 홍 대리는 두 사람이 잘 어울린다고 생각했다. 잠시 후 방 대리가 조심스럽게 입을 열었다.

"대기발령을 자원했다며?"

"……."

"홍 대리가 자원하는 바람에 내가 살아남은 것 같아 마음이 무거워."

"내가 자원하지 않았더라도 방 대리는 무사했을 거야. 영업에는 방 대리를 따라갈 사람이 없잖아."

"이왕에 이렇게 됐으니 국내영업 쪽은 완전히 잊어버리고 해외시장을 개척하는 데 집중해 봐. 안 되면 될 때까지 밀어붙이란 말이야."

"또 해병대 구호 얘기예요?"

임 주임이 방 대리를 향해 곱게 눈을 흘겼다.

해리스전자

"이젠 막 쳐들어오는구먼."

마침 텃밭에서 일하고 있던 나 소장이 홍 대리를 반기며 말했다. 이마에는 굵은 땀방울이 배어 있었다. 영락없는 촌부의 모습이었다.

"이번엔 또 무슨 문젠가?"

나 소장이 허리를 펴며 물었다. 홍 대리는 이탈리아로부터 재 오더를 받는 데 실패한 것과 회사의 사정이 악화되어 대기발령을 받았다는 사실을 털어놓았다. 나 소장은 잠자코 홍 대리의 얘기에 귀를 기울이다가 한참만에야 입을 열었다.

"왜 해리스전자는 접촉하지 않나?"

"해리스전자는 이미 제이테크와 거래를 하고 있는데요."

"어차피 비즈니스의 세계는 뺏고 빼앗기는 전쟁터와 다름없네. 영원한 적도 영원한 친구도 없는 법이지. 냉정한 승부의 세계라고. 정정당당하게만 싸운다면 남의 거래처를 뺏는다고 문제될 것이 없네."

"하지만 이미 한국제품을 취급하고 있는 해리스전자가 우리 제품에 관심을 가질까요?"

"물론 가능성이 높은 건 아니지만 그렇다고 지레 포기할 필요는 없네."

나 소장은 홍 대리의 눈치를 한 번 살핀 후 말을 이었다.

"해외시장을 개척할 때 가장 경계해야 할 것 중에 하나가 시도해보지도 않고 포기해 버리는 걸세. 유명한 일화가 있지. 어느 신발수출업체에서 시장조사 목적으로 두 명의 직원을 아프리카에 보냈다네. 시장조사를 마치고 돌아온 두 명의 직원은 각기 상반된 결론을 담은 보고서를 작성했네. 한 사람은 아프리카 사람들은 신발을 신지 않는다며 아프리카에 신발을 수출할 가능성은 제로라고 결론을 내렸지. 근데 다른 한 사람은 정반대의 결론을 내렸네. 아프리카 사람들에게 신발을 신게 만들면 엄청난 양의 신발을 수출할 수 있다는 거였네. 똑같은 상황에서도 긍정적으로 접근하는 사람과 부정적인 마인드에 길들여진 사람과의 차이는 큰 법일세."

나 소장이 힘주어 말했다.

해리스전자에 보낼 거래제안서를 작성하는 건 힘들지 않았다. 모어스전자에 보낸 제안서를 약간 손질하니 제법 그럴싸한 제안서가 탄생하였다. 하지만 왠지 부족하단 느낌을 지울 수 없었다. 모어스전자의 예에서 보듯이 국제특송편으로 발송하는 것만으로는 관심을 끌기에 부족하였다.

홍 대리는 궁리 끝에 회사와 제품을 소개하는 동영상을 CD에 담아서 제안서와 함께 보내기로 했다. 동영상을 통해 미래전자의 전 제품을 소개하고, 제이테크 제품과의 차이점을 부각시키는 데 주력하였다. 완성된 CD를 제안서와 함께 국제특송편으로 보내고 나니 왠지 잘 될 것 같은 기대감이 밀려왔다.

하지만 해리스전자로부터는 아무런 연락이 없었다. 제안서를 잘 받았다는 확인메일조차 오지 않았다. 공연한 짓을 했다는 후회가 밀려왔다. 제안서를 제이테크에 넘겼을지도 모른다는 걱정에 휩싸이기도 했다.

그런 와중에 현주로부터 전화가 왔다.

"바쁜가 봐, 선배."

"바쁘긴."

"근데 왜 전화도 없어?"

"공연히 바쁜데 방해할 거 같아서."

현주를 다시 만나고 나서부터 수시로 휴대폰을 확인하는

습관이 생겼다. 행여 현주의 전화를 놓치지나 않을까, 현주가 보낸 문자메시지가 도착해 있지나 않을까 하는 염려 때문이었다. 그러면서도 먼저 전화를 걸 용기는 없었다.

"미국 쪽 반응이 시원치 않다며."

"소장님한테 들었어?"

"선배 걱정을 엄청 하셔."

"공연히 걱정만 끼쳐드리는군."

홍 대리가 풀 죽은 목소리로 말했다.

"한 번 쳐들어가보지 그래."

"쳐들어가라니?"

"우리 방송 쪽에서 사용하는 수법인데, 일이 잘 안 풀리면 무조건 쳐들어가고 보는 거야."

"그래도 서양 사람들을 만나려면 미리 약속을 하고 찾아가는 게 예의 아닌가."

"물론 서양매너가 엄격한 건 사실이야. 하지만 서양에서도 무작정 밀어붙이는 방식이 통할 때가 있다고. 선배가 예의만 따질 입장이 아니잖아."

"그렇잖아도 소장님 말씀 듣고 해리스전자에 거래제안서를 보냈는데 답장이 없어서 애를 태우던 중이야. 한번 쳐들어가볼까 생각도 해보았는데 엄두가 나질 않더라고. 뉴욕까지 갔다가 허탕을 치면 어떡하나 하는 걱정도 되고."

"뉴욕이라면 내가 꽉 잡고 있으니까 일단 일정부터 잡아 봐."

현주가 밝은 목소리로 말했다.

"무슨 소린가? 갑자기 뉴욕엘 가겠다니."

이 부장이 놀란 표정을 지었다.

"해리스전자를 찾아가려고요."

홍 대리가 침착한 어조로 말했다.

"해리스전자라면 이미 제이테크의 제품을 취급하고 있다고 하지 않았나. 거길 찾아가서 어쩌겠다는 건가?"

"제이테크의 제품을 취급하고 있다는 건 한국제품에 관심이 있다는 걸 뜻합니다. 어차피 해리스전자에선 제이테크 뿐만 아니라 여러 회사의 다양한 제품을 수입해다 미국시장에 팔고 있습니다. 저희 제품이라고 팔지 못하라는 법이 없잖습니까?"

"아무리 그래도 무작정 찾아간다고 일이 되겠나?"

"거래제안서를 보냈는데 답장이 없습니다."

"답장이 없다는 건 관심이 없다는 뜻이 아닌가. 그런 상대를 찾아가 봐야 무슨 소용이 있겠나? 차라리 먼저 연락했던 모어스전자를 다시 접촉해 보지 그러나. 그쪽에선 답장도 보내왔다며."

"답장이 오긴 했지만 의례적인 답장일 뿐입니다. 아무래도 모어스전자 쪽에서는 한국제품에 관심이 없는 것 같습니다. 해리스전자에서 답장이 없다는 건 관심이 없어서일 수도 있지만 제이테크와의 관계 때문에 망설이고 있을 가능성도 있습니다."

"아무튼 지금 상황에서 뉴욕까지 간다는 건……."

이 부장이 말꼬리를 흐렸다.

"출장비 때문이라면 걱정하지 마십시오. 어차피 공식적으로 해외출장을 갈 수 있는 상황이 아니란 걸 잘 알고 있습니다. 뉴욕 구경도 할 겸 자비로 다녀오겠습니다."

홍 대리가 결연한 표정을 지었다.

"그렇게까지 할 필요가 있겠나?"

이 부장의 표정이 굳어졌다.

"그동안 회사에 누만 끼쳤습니다. 국내영업을 담당하면서 실적도 좋지 않았고. 부장님께서 믿고 맡기셨는데 첫 수출 건부터 사기나 당하고. 이탈리아 업체로부터 재 오더를 받는 데도 실패하고요. 이대로 회사생활을 끝낸다면 평생 후회가 될 거 같아요. 뉴욕에 간다고 오더를 받는다는 보장은 없지만 더 이상 실패가 두려워서 시도조차 안하는 바보로 살긴 싫어요."

홍 대리의 목소리가 가늘게 떨렸다. 이 부장은 묵묵히 홍 대리를 지켜보기만 했다.

한 차례 소나기가 지나간 가평 산골짜기엔 안개가 피어오르고 있었다. 금방이라도 하늘에서 신선이 내려올 듯한 분위기였다. 홍 대리는 가평에 내려올 때마다 수려한 주변 경관에 감탄을 금할 수 없었다. 서울 근교에 이렇게 근사한 곳이 있다는 것이 믿어지질 않았다. 이곳에만 오면 가슴 속 깊숙이까지 깨끗한 공기가 스며드는 것 같았다. 그것이 전화로 해도 될 얘기를 가지고 굳이 이곳까지 찾아오는 이유 중에 하나였다.

"어서 오시게. 요즘 자주 보는구먼."

나 소장이 넉넉한 미소를 지었다.

"자꾸 성가시게 해서 죄송합니다."

"성가실 게 뭐 있나. 덕분에 말하는 거 잊어버리지 않게 됐구먼."

나 소장의 표정이 쓸쓸해 보였다.

"현주는 자주 안 오나요?"

현주 얘기가 나오자 나 소장의 얼굴이 굳어졌다.

"그 앤 여기 온 적이 없다네."

"네? 한 번도요?"

홍 대리가 반문했다. 그러고 보니 현주가 한사코 이곳에

같이 오는 걸 꺼렸던 기억이 되살아났다.

"그 애를 보기는커녕 목소리를 들은 지도 꽤 오래됐었네. 자네 일로 현주가 전화를 했을 때 깜짝 놀랐지. 그 애가 언제 전화를 했었는지 기억이 나지 않을 정도였거든. 아무튼 요새 자네 덕분에 그 애 목소리라도 자주 들을 수 있어서 얼마나 좋은지 모른다네."

나 소장의 말을 듣고 보니 그동안 나 소장이 자신을 각별하게 대했던 이유를 알 것 같았다. 한편으로 현주가 자신의 아버지인 나 소장을 챙기지 않는 이유가 궁금해졌다. 도대체 무슨 일이 있었기에 산 속에 혼자 사는 아버지를 한 번도 찾아오지 않았단 말인가.

"현주하고 무슨 안 좋은 일이라도 있었나요?"

홍 대리가 조심스레 물었다.

"그 얘긴 나중에 하세. 오늘은 무슨 일로 왔나?"

나 소장이 화제를 돌렸다.

"미국에 가려고요."

"바이어를 만나려고?"

"네."

"미팅 약속은 했나?"

"그냥 쳐들어 가려고요."

홍 대리는 현주가 썼던 표현을 그대로 사용했다.

"쳐들어 가다니?"

홍 대리는 해리스전자를 찾아가려는 이유 등에 대한 설명을 늘어놓았다.

"음…… 별로 바람직한 방법은 아니지만 말리고 싶진 않네. 지금 자네 입장이라면 그보다 더한 방법이라도 마다하지 않을 테니까 말일세."

"막상 바이어를 만나려고 하니 걱정이 됩니다."

"뭐가?"

"그동안 서신이나 이메일로만 접촉해봤지 직접 만나는 건 처음이라서요."

"뭐든지 새로운 경험을 하기 전엔 걱정이 앞서기 마련이지. 하지만 너무 걱정하지 말게. 내가 몇 가지 요령을 알려주겠네."

"고맙습니다."

"바이어를 만날 때는 우선 첫 인상이 중요하네. 비단 바이어를 만날 때뿐만 아니라 남녀 간의 만남에서도 첫인상이 차지하는 비중이 절대적이지 않은가. 첫인상이 좋지 않은 경우 좋은 관계로 발전할 확률은 낮을 수밖에 없네."

"첫인상을 좋게 하려면 어떻게 해야 하나요?"

"첫인상하면 우선 외모나 옷차림부터 떠올리는데 그보다 먼저 신경 써야 할 것이 있네."

"그게 뭔가요?"

"바로 약속시간을 지키는 걸세."

"약속시간이라면?"

"바이어를 만나려면 어쨌든 만날 시간을 정해야 할 것 아닌가?"

"그런데 저처럼 약속을 하지 않고 무작정 찾아가는 경우도 있잖아요."

"아무리 무작정 찾아가도 사람을 만나려면 따로 약속시간을 정해야 할 걸세."

"약속시간을 지키는 건 기본 아닌가요?"

"그렇지. 하지만 시간을 정확하게 지킨다는 게 말처럼 쉽지 않다네. 특히 현지사정에 밝지 않은 해외출장자 입장에서 약속시간을 정확하게 지킨다는 것이 쉬운 일이 아니지."

"좀 여유 있게 미리 가면 되잖아요?"

"물론 미리 가는 것이 최선의 방법이지만 문제는 약속시간보다 너무 일찍 가는 것도 상대방에게 폐를 끼칠 수 있다는 걸세."

"폐를 끼치다뇨?"

"상대방의 입장에서 보면 약속시간보다 일찍 온 손님을 맞음으로써 다른 일정에 차질을 빚을 수 있기 때문이지."

"그럼 어떻게 해야 하나요?"

"내 경험담을 하나 소개하지. 스위스에 있는 거래처를 처음 방문했을 때 일이네. 거래처 사장의 배려로 매일 아침 사장 비서가 시내 호텔에 묵고 있는 나를 픽업해서 사무실로 데려가기로 했네. 9시에 호텔 로비에서 만나기로 약속을 했는데 사흘 동안 매일 아침 정각 9시에 비서가 로비로 들어서는 거였네. 아무리 교통이 혼잡하지 않은 곳이라고 해도 사흘 동안이나 시간을 정확하게 지키는 걸 보고 이상한 생각이 들어서 물어보았지. 무슨 비결이라도 있냐고. 비서의 답변은 간단했네. 매일 아침에 30분 정도 일찍 호텔에 도착해서 주차장에서 기다리고 있다가 9시 정각에 로비로 들어선 거라고. 스위스 시계가 정확한 이유를 알겠더구먼."

"정말 대단하네요."

"그날 이후 처음 방문하는 출장지에 도착하면 사전에 약속 장소를 확인해두는 버릇이 생겼네."

"사전에 확인하다뇨?"

"가급적 미팅 약속을 잡은 날보다 하루 일찍 도착해서 약속장소를 미리 답사하는 거지. 호텔에서 약속장소까지 가는 교통편과 소요시간을 확인해 놓고, 다음 날 약속장소에 여유 있게 도착해서 시간을 보내다가 약속시간 정각에 짠하고 나타나는 걸세."

"그건 좀 지나친 거 아닌가요? 우리나라에선 그 정도로 철

저하게 약속시간을 지키진 않잖아요."

"무역이란 서로 다른 나라 사람들끼리의 거래라는 걸 잊지 말게. 바이어의 입장에서 첫 거래를 트기 전에 가장 걱정되는 게 무엇이겠나. 바로 상대방이 믿을만하냐는 거지. 과연 오더를 하면 제대로 된 물건을 보낼 것인가, 물건을 제때 보낼 것인가 하는 걱정이 끊이지 않게 마련이지. 근데 처음 만나는 자리에서부터 약속시간을 지키지 않는다면 바이어의 믿음이 생길 수 있겠나? 하나를 보면 열을 안다고 약속시간도 지키지 못하는 사람이 거래상의 약속은 어떻게 지킬까 하는 의구심이 생길 거 아닌가."

"소장님 말씀을 듣고 보니 약속시간을 지키는 게 정말 중요하네요."

"약속시간을 지키는 건 첫인상을 좋게 하는 데도 필요하지만 협상의 주도권을 잡는 데도 중요하네. 약속시간에 늦어서 헐레벌떡 약속장소에 도착했다고 가정해 보세. 처음부터 미안한 마음으로 협상에 임하게 돼서 주도권을 잡기가 힘들어질 수밖에 없을 것이네."

"명심하겠습니다. 그 밖에 첫인상을 좋게 하기 위한 방법은 뭐가 있나요?"

"외모야 타고 나는 것이니까 어쩔 수 없다고 하더라도 가급적 부드러운 표정을 짓도록 노력해야 하네. 무역거래도 결국은 사람과 사람 간의 거래니까 아무래도 회의 분위기가 좋아야 좋은 결과를 기대할 수 있지 않겠나. 처음부터 굳은 표정으로 회의에 임해가지고선 회의 분위기가 좋아지기 힘든 법이네."

"의상은 어떻게 준비하는 게 좋나요?"

"처음 만날 때는 가급적 정장차림이 좋지만 나라에 따라서는 캐주얼 차림이 어울리는 곳도 있다네. 특히 더운 나라 사람들 중에는 정장차림에 익숙하지 않은 사람들이 많은데, 일방적으로 정장을 빼 입고 갔다간 분위기를 깰 수도 있지. 따라서 상대방의 의상코드에 맞춰서 의상을 선택하는 센스가 필요하다네."

"신경 써야 할 게 많네요."

"참, 외국에 나갈 땐 호텔 선정에도 신경을 써야 하네."

"어떻게요?"

"출장비를 아끼겠다고 싸구려 호텔에 투숙하는 것은 금물일세."

"왜죠?"

"생각해 보게. 상대방 입장에서 볼 때 아무래도 싸구려 호텔보다는 고급호텔에 투숙하는 사람에 대한 신뢰도가 높지 않겠나. 특히 첫 방문 때엔 의도적으로라도 고급호텔에 투숙할 필요가 있네. 어떤 호텔에 투숙하느냐에 따라서 개인 또는 회사에 대한 이미지가 달라질 수 있기 때문이지."

나 소장은 그밖에도 바이어를 처음 만나러 갈 때의 주의사항 등을 차근차근 짚어주었다. 그 사이 시간이 꽤 흘렀다. 홍 대리가 일어설 채비를 하자 나 소장이 가로막으며 말했다.

"아직 얘기가 끝나지 않았네. 이제까지 얘기한 건 바이어를 만날 때까지의 주의사항이고, 더 중요한 건 바이어와의 협상전략을 어떻게 짜느냐 하는 거 아닌가. 그 얘길 듣고 가야지."

"하지만 시간이……."

홍 대리는 가평에 내려올 때마다 식사시간이 되기 전에 자리에서 일어서곤 했다. 나 소장에게 폐를 끼치고 싶지 않아서였다.

"오늘은 저녁식사까지 하고 천천히 가게. 맨날 혼자서 식사를 하려니까 입맛이 없구먼."

나 소장의 시선이 식당 쪽을 향했다.

일곱 가지 협상전략

홍 대리는 오랜만에 포식을 했다. 나 소장의 음식솜씨는 훌륭했다. 반찬이라야 직접 가꾼 야채로 만든 나물무침에다 된장국이 전부였지만, 도시의 음식점에서는 맛볼 수 없는 신선함과 향내가 살아있었다.

"갑자기 준비하느라 차린 게 없어서 미안하네."

"아닙니다. 정말 오랜만에 잘 먹었습니다. 소장님의 음식솜씨가 이렇게 훌륭하신 줄 미처 몰랐습니다."

"이 사람, 아부가 심하구먼."

나 소장이 껄껄거리며 웃었다.

"자, 그럼 지금부터 바이어와의 협상전략에 대해서 생각해 보세."

나 소장의 표정이 금세 진지해졌다.

"그동안 내가 기업체 특강 등을 통해서 강조한 협상전략은 크게 일곱 가지라네."

"성공적인 협상을 위한 일곱 가지 전략이라고 부르면 되겠네요."

"그렇게 부르니 그럴싸하군."

"첫 번째 전략은 뭔가요?"

"기선을 제압하라는 걸세."

"기선이라면?"

"협상 초기 단계의 상대방과의 기 싸움에서 밀리지 말라는 걸세. 모든 협상에선 초반의 분위기가 이어질 확률이 높네. 처음에 기선을 제압당하면 여간해선 중간에 역전시키기 어려운 법일세. 반대로 초반에 상대방의 기를 꺾을 수만 있다면 협상을 유리하게 이끌어나갈 발판이 마련되는 셈이지."

"구체적으로 어떻게 기선을 제압하나요?"

"상대방보다 비교 우위에 있는 걸 내세워야지. 회사의 규모가 크면 회사의 규모를 강조하고, 회사의 규모로는 상대방을 제압할 수 없다면 개인적인 장점이라도 내세울 필요가 있네."

"개인적인 장점이라면?"

"내 경험담을 얘기해 주지. 태국 시장을 개척하기 위해서 신규바이어를 만났을 때의 일이네. 바이어의 외모부터 범상치가 않았네. 키는 장대만한 데다 도수 높은 안경을 쓰고 장발에 청바지 차림으로 나타났네. 자기소개를 하는데 태국의 국비장학생으로 고등학생 때 미국으로 유학 가서 스탠포드 대학을 수석으로 졸업했다고 하더군. 한 마디로 태국 최고의 천재였네. 졸업 후 다국적기업에 스카우트 돼서 연봉으로 수백만 달러를 받다가 태국에 돌아와서 자기 사업을 하게 되었다고 했네. 그가 하는 얘기를 듣다보니 내 자신이 얼마나 초라하게 느껴지는지. 협상이고 뭐고 없었네. 그저 그 친구가 하자는 대로 따라갈 수밖에. 초반에 기선을 완전히 제압당한 경우라네."

"대단하네요. 그런데 기선을 제압하는 게 중요하다는 건 알겠는데, 지나치게 기 싸움을 벌이다가 상대방의 기분을 상하게 하면 역효과가 나지 않을까요?"

"충분히 그럴 가능성이 있지. 그러니까 기선을 제압하되 상대방의 기분을 상하지 않도록 조심해야지."

"쉬운 일은 아니네요."

"세상에 쉬운 일이 어디 있나."

"두 번째 전략은 뭔가요?"

"상대방의 마음을 읽으라는 걸세."

"마음을 읽는다고요?"

"지피지기면 백전불태(知彼知己 百戰不殆)라는 말도 있잖은가. 상대방을 알고 나를 알면 백 번을 싸워도 위태롭지 않은 법이네. 상대방의 마음을 제대로 읽을 수만 있으면 협상을 유리하게 이끌 수 있는 건 자명한 일이지."

"문제는 어떻게 상대방의 마음을 읽느냐는 거죠."

"상대방의 마음을 읽기 위해서는 우선 상대방의 문화와 상관습(商慣習)을 이해해야 하네. 개인차가 있을 수는 있지만 나라나 지역에 따라 오랜 세월을 두고 형성된 문화와 상관습의 영향을 받기 마련이지."

"구체적인 예가 있나요?"

"내가 직접 경험한 걸 얘기해 주지. 그동안 여러 차례 클레임에 연루되었는데, 클레임에 접근하는 방식이 동양과 서양 간에 큰 차이가 있다는 걸 알게 되었네."

"어떤 차인데요?"

"똑같은 문제라도 동양권에서는 세부적인 내용을 따지기보다는 큰 틀에서 합의를 보는 걸 선호하는 반면에 서양권에서는 세부적인 내용까지 정확하게 따진 후에 결론을 내리는 경향이 있다네. 예를 들어 동양권에서는 수출자의 잘못으로 수입자가 손해를 본 경우 손해금액이 크지 않으면 다음 오더

금액에서 일정액을 할인해주는 식으로 문제를 해결하는 경우가 많지."

"서양권에선요?"

"아무리 사소한 문제라도 수입자의 손해금액을 정확하게 계산해서 손해배상을 청구하는 방식으로 문제를 해결하려 들기 십상이네."

"그러니까 상대방에 맞는 협상전략을 구사해야 한다는 뜻이네요."

"그렇다네. 동양권의 거래처와 클레임 건을 협의하면서 지나치게 세부적인 내용까지 건들다보면 상대방으로부터 피곤하단 소릴 들을 수가 있지. 반대로 합리주의 문화에 익숙한 서양인에게 대충 합의를 보려 들다간 비합리적이라는 인상을 심어줄 가능성이 높네."

"하지만 문화나 상관습의 배경이 상대방의 마음을 읽는 데 절대적인 기준은 될 수 없을 것 같은데요."

"맞는 말일세. 동양권에 속한 일본 거래처 중에는 매사를 정확하게 짚고 넘어가야 속이 풀리는 사람들도 많고, 서양권에 속한 이탈리아나 스페인 쪽 거래처 중에는 대충 합의하는 걸 선호하는 사람들도 많이 있다네. 그러니까 상대방이 속한 나라나 지역의 문화와 상관습은 참고사항 중 하나일 뿐이지, 상대방의 마음을 읽을 수 있는 절대적인 기준이 될 수는 없지."

"그럼 상대방의 마음을 좀 더 정확하게 읽으려면 어떻게 해야 하나요?"

"처음부터 상대방의 마음을 정확하게 읽는다는 건 불가능하네. 거래를 해 나가면서 상대방의 마인드나 스타일을 연구해서 상대방에게 맞는 협상전략을 수립해야지. 예를 들어 가격을 깎는데 익숙한 상대에게는 처음부터 최저가격을 제시할 것이 아니라 조금 여유 있는 가격을 제시한 후에 협상과정에서 조금씩 깎아주는 지혜가 필요하다네."

"사람의 마음을 정확하게 읽는다는 게 좀처럼 쉬운 일이 아니네요."

"그게 어디 비즈니스를 할 때만 그런가? 우리가 살아가면서 상대방의 마음을 제대로 읽지 못해서 잘못되는 경우가 얼마나 많은가. 사람의 마음을 제대로만 읽을 수 있다면 우리의 삶이 얼마나 풍요로워지겠나."

나 소장이 다소 철학적인 말을 늘어놓았다.

"성공적인 협상을 위한 세 번째 전략은 뭔가요?"

홍 대리가 채근하듯이 말했다. 나 소장이 잠시 기다리라는 제스처를 취하더니 물 한 모금을 마시고 나서 입을 열었다.

"이 친구, 쉴 틈을 주지 않고 몰아붙이는구먼. 허허. 세 번째 전략은 주고받으라는 걸세."

"양보할 건 양보하고 챙길 건 챙기라는 거네요. 그건 당연한 거 아닌가요?"

"당연한 사실인데도 실제 협상을 하다보면 잊어버리기 쉬운 부분이지. 평소에는 안 그러다가도 막상 협상이 시작되면 상대방의 입장은 생각하지 않고 자기 것만 챙기려드는 것이 인지상정(人之常情)이라네."

"주고받기를 잘하려면 어떻게 해야 하나요?"

"우선 상대방의 입장에서 생각하는 습관을 들여야 하네. 협상과정에서 항상 생각해야 할 것이 내가 상대방이라면 어떻게 받아들일까 하는 것이네. 상대방의 입장은 생각하지 않고 자신의 주장만 내세우다가는 협상에 실패할 가능성이 높아질 수밖에 없네."

"상대방의 입장을 생각하다보면 내가 챙길 수 있는 몫이 줄어들 수도 있잖아요."

"그건 잘못된 생각이네. 상대방의 입장을 생각하다 보면 거래관계를 오래도록 유지할 수 있어서 장기적으로 내가 챙길 수 있는 몫도 늘어나기 마련이지. 결국 나 자신을 위해서 양보할 건 양보하라는 걸세."

"무슨 말씀인지는 알겠는데……."

홍 대리가 말끝을 흐리자 나 소장이 또 다른 경험담을 늘어놓았다.

"대만에 처음 수출했을 때의 일이네. 첫 오더라 신경을 써서 물건을 보냈는데 바이어가 일부 물건에 이상이 있다며 보상을 요구했네. 소위 말하는 클레임을 건 셈이지. 근데 바이어는 구체적인 근거도 제시하지 않고 무조건 얼마를 보상해 달라고 주장했네. 난 잠시 고민에 빠졌네. 바이어가 요구하는 금액에 동의하지 않고 실제 피해금액을 정확하게 산출하면 보상액수를 조금 줄일 수도 있을 거라는 생각이 들었지. 헌데 그런 식으로 따지다 보면 바이어와의 관계가 나빠질 것은 뻔한 상황이었네. 나는 잠시 고민 끝에 바이어의 요구를 무조건 받아들이기로 했네. 바이어는 놀라는 눈치였네. 당연히 보상금액을 한 푼이라도 깎을 줄 알고 조금 부풀려서 얘기했는데 단칼에 수락을 하니까 미안한 생각이 들었겠지. 어쨌든 그 건은 그런 식으로 마무리가 되었고 덕분에 바이어의 신임을 얻어서 오랫동안 좋은 거래관계를 유지할 수 있었다네."

"그러니까 작은 걸 양보한 대신에 지속적인 거래관계를 유지하게 되어서 결과적으로 잃은 것보다 얻은 것이 많다는 얘기네요."

"정리를 잘 하는구먼."

"소장님이 사례를 들어주시니까 이해가 잘 되는 거죠."

"잠시 바깥공기 좀 쐬고 오세."

나 소장이 이야기를 끊고 자리에서 일어서며 말했다. 홍 대리가 따라 나섰다.

어느새 밖에는 어둠이 짙게 깔려 있었다. 사방은 고요했다. 하늘에는 수많은 별들이 자리다툼을 하고 있었고, 한편에는 달그림자가 짙게 드리워져 있었다. 멀리서 개울물 흐르는 소리가 들렸다. 아름다운 밤이었다.

"성공적인 협상을 위한 네 번째 전략은……"

나 소장은 집으로 돌아오자마자 협상전략에 관한 강의를 재개했다.

"서두르지 말라는 걸세."

"……"

"어떤 협상에서든 먼저 서두르는 쪽이 불리해질 수밖에 없네. 서두른다는 건 그만큼 몰리고 있다는 증거이기 때문이지. 서두르면 서두를수록 상대방은 세게 나올 가능성이 높네. 협상의 주도권을 상대방에게 넘겨줄 수밖에 없는 상황이 되는 거지."

"그러고 보니 남녀가 사귈 때도 마찬가진 거 같아요."

"뭐가?"

"아무래도 먼저 대시하는 사람이 불리하잖아요."

홍 대리는 말을 내뱉고 나서 공연한 소릴 했다는 생각이 들었다. 상대가 현주의 아버님이자 무역의 대선배라는 사실을 잠시 망각했던 것이다. 다행히 나 소장은 별다른 거부감을 보이지 않았다.

"좋은 지적일세. 해외거래처와의 관계가 서로 교제하는 이성 간의 관계와 유사하다는 건 어쩌면 자연스런 현상인지도 모르네. 무역이란 것이 결국은 사람과 사람 간의 거래이기 때문이지."

"서두르지 않아야 한다는 건 알겠는데 실제로 급한 상황에 몰린 경우에는 어떻게 하나요? 지금 제가 뉴욕에 가려는 것도 상황이 급하니까 무조건 쳐들어가는 거잖아요."

"비록 상황이 급하더라도 가급적 상대방이 눈치 채지 못하게 해야지. 자네 같은 경우 해리스전자를 방문할 때, 상황이 급해서 일부러 뉴욕까지 왔다는 식으로 얘기하면 처음부터 상대방에게 약점을 보이는 거지."

"그럼 어떻게 하나요?"

"다른 볼 일이 있어서 뉴욕에 왔다가 한 번 들렀다는 식으로 둘러대면 약점을 잡히지 않을 수도 있다는 걸세."

"머리를 많이 써야겠군요."

"물론 때로는 머리를 굴리지 않고 솔직하게 나가는 게 잘 먹힐 때도 있지. 자네 같은 경우 처음부터 회사의 어려운 사정을 설명하고 도와달라는 식으로 나가는 게 상대방을 좀 더 쉽게 움직일 수도 있을지 모르네. 그러니까 내가 얘기하는 건 어디까지나 일반론에 불과한 거고 반드시 그렇게 해야 한다는 건 아니라는 걸 명심하게."

"상황에 따라 그때그때 융통성을 발휘하라는 뜻으로 이해하겠습니다."

"한 가지 더 있네. 같은 맥락에서 가급적 자신의 카드를 먼저 보여주지 말라는 걸세."

"카드를 먼저 보여주지 말라니요?"

"어느 협상에서건 자신의 제안을 나중에 오픈하는 사람이 유리하게 마련이네. 상대방의 제안 내용에 따라 전략을 수정할 수도 있고, 드문 경우지만 상대방 쪽에서 자신이 생각했던 것보다 더 좋은 제안을 내놓을 수도 있기 때문이지."

"결국 협상에 임해서는 서두르지 않아야 유리한 고지를 점령할 수 있다는 거군요."

"그렇다네."

"이제 다섯 번째 전략에 대해서 말씀해 주세요."

"다섯 번째는 경쟁심을 자극하라는 걸세."

"경쟁심을 자극함으로써 상대방이 좀 더 적극적으로 협상에 임하게 하라는 거네요."

"그렇지. 사람 마음이 간사해서 경쟁자가 있고 없고에 따라서 마음가짐이 달라지게 마련이네. 이성교제를 할 때도 경쟁자가 있으면 좀 더 적극적으로 상대방에게 대시하게 되지 않는가?"

나 소장은 말해놓고 나서 겸연쩍은 웃음을 지었다.

"중요한 건 어떤 식으로 상대방의 경쟁심을 자극하느냐는 거죠."

"내가 오랫동안 상대했던 중남미 지역 원료공급업체의 경우를 소개하지. 이 업체는 천연원료를 전 세계 시장에 수출하는 업체였는데 경쟁심을 자극하는 수법을 전가(傳家)의 보도(寶刀)처럼 사용했다네."

"어떤 식으로요?"

"오퍼를 할 때마다 다른 바이어로부터 받은 오더내역을 공개하면서 재고가 얼마 남지 않았다는 걸 강조하는 수법이지. 공급량이 한정되어 있는 천연원료의 특성상 수요가 증가하면 가격이 오를 수밖에 없는 상황을 이용한 거네."

"한두 번은 그런 수법에 넘어갈지 모르지만 반복하면 효과가 떨어지지 않나요?"

"그럴 것 같은데 실제로 당하니까 그렇지가 않았네. 상대방이 상황을 부풀릴지도 모른다는 생각을 하면서도, 언제 재고가 떨어질지도 모른다는 불안감 때문에 서둘러 오더를 하게 되더라고. 마치 홈쇼핑방송에서 주문이 쇄도하고 있고, 재고가 얼마 남지 않았다는 멘트가 나오면 왠지 마음이 급해져서 주문을 서두르는 것과 같은 이치지."

"아무튼 상대방의 경쟁심을 자극할 수 있는 기술을 연마해야겠네요."

"성공적인 협상을 위한 여섯 번째 전략은……"

나 소장이 서둘러 다음 주제로 넘어갔다.

"상대방을 코너로 몰지 말라는 걸세. 협상을 하다 보면 상대방을 몰아붙여야 할 경우가 생기게 마련이네. 상대방이 실수를 했거나 계약대로 이행을 하지 않았을 경우지. 헌데 아무리 상대방이 잘못을 저질렀더라도 무작정 상대를 코너로 몰아가다가는 오히려 역효과를 초래할 수 있으니까 조심해야 하네."

"이번에도 소장님의 경험담을 얘기해 주세요."

"이것도 남미의 원료공급업체와 거래할 때 일이네. 계약을 체결하고 물품대금을 미리 송금했는데 약속한 선적일자가 지났는데도 물건을 싣지 않는 것이었네. 처음엔 좋은 말로 빨리 실으라고 했는데 한 달이 지나도 물건을 보낼 기미가 보이지 않았네. 더 이상 점잖게 얘기해선 문제를 해결하기 힘들겠다는 생각이 들었지. 상대방을 강하게 몰아붙여서 선적을 안 하고는 못 배기게 만들어야겠다는 결론을 내렸네."

"그래서 어떤 식으로 몰아붙였나요?"

"즉각 물건을 실어 보내지 않으면 우리나라 정부당국에서 관리하는 블랙리스트에 이름을 올려서 다시는 우리나라에 물건을 수출하지 못하게 하겠다고 했지."

"실제로 그런 블랙리스트가 있나요?"

"그건 내가 지어낸 얘기네. 상대방을 몰아붙여서 물건을 싣게 만들겠다는 일념에서 그런 식으로 얘기한 거지."

"그래서 어떻게 됐나요?"

"일이 완전히 어긋나 버렸네."

"왜요?"

"상대방에서 아예 연락을 끊어버렸다네. 블랙리스트에 올린다고 하면 겁을 내고 물건을 실을 줄 알았는데 오히려 역효과가 난 걸세. 리스트에 올리든지 말든지 맘대로 하라는 거였지. 가만히 생각해 보니 이쪽에서 그런 식으로 나온다는 건 다시는 거래를 안 하겠다는 뜻인데 내가 상대방이라도 순순히 물건을 실어 보내지 않았을 거란 생각이 들더군."

"그래서 어떤 식으로 문제를 해결했나요?"

"전략을 180도 바꾸고 사정하다시피해서 간신히 문제를 해결했다네."

"상대방을 코너로 몰았다가 애를 먹은 경우네요."

"쥐도 코너에 몰리면 고양이를 문다는 사실을 잊지 말게."

"이젠 마지막 한 가지 전략만 남은 거네요."

"그건 다음 기회로 미루세."

나 소장의 시선이 벽에 걸린 시계로 향했다.

“이왕이면 미국에 가기 전에 일곱 가지 전략을 다 듣고 갔으면 싶은데요.”

“일곱 번째 전략은 당분간 자네에겐 해당되는 내용이 아니니 나중에 들어도 상관없네.”

당분간 해당되지 않는 내용이란 게 뭘까? 홍 대리는 궁금증이 났지만 참기로 했다. 오랜만에 장시간 말을 한 탓인지 나 소장의 표정이 무척 피곤해 보였다.

“소장님 덕분에 간접경험을 많이 해서 바이어를 상대할 때 자신감이 생길 것 같아요.”

“그렇다면 다행이군. 어떤 경우든 진심은 통한다는 마음으로 최선을 다하면 반드시 좋은 결과가 있을 걸세. 부디 행운을 비네.”

나 소장이 홍 대리의 어깨를 두드리며 격려했다. 홍 대리는 90도 각도로 허리를 숙여 고마움을 표시했다. 단지 딸의 부탁이라는 이유만으로 생면부지의 자신에게 무역을 가르치느라 애쓰는 모습이 감동스럽기까지 했다. 나 소장의 기대를 저버리지 않기 위해서라도 반드시 이번 미국출장에서 좋은 결과를 가지고 돌아오리라. 홍 대리는 어둠 속에서 두 주먹을 불끈 쥐었다.

3장 기회의 땅, 뉴욕

뉴욕의 밤

홍 대리는 최만호 전무의 호출을 받고 불길한 생각이 들었다. 입사 후 한 번도 최 전무와 단독으로 자리를 함께 한 적이 없었다. 모든 지시는 이종국 부장을 통해서 내려졌고, 홍 대리가 최 전무에게 직접 보고할 만한 일도 없었다. 홍 대리는 긴장한 표정으로 최 전무 앞에 섰다.

"자넨 지금 대기발령 중 아닌가?"

최 전무가 날카로운 목소리로 물었다.

"그렇습니다."

"근데 미국출장을 가겠다는 건가?"

"그게……."

홍 대리는 당황스러웠다. 이 부장에게만 알리고 몰래 미국에 다녀오려던 계획이 수포로 돌아간 것이다.

"무역사기나 당하고 재 오더도 받지 못하는 주제에 뭘 또 해보겠다고 미국까지 가겠다는 건가?"

최 전무의 말투가 거칠었다. 회사의 사정이 악화되면서 자금관리를 책임지고 있는 최 전무의 신경은 날카로워질 대로 날카로워져 있었다.

"게다가 바이어와 약속도 하지 않고 무작정 쳐들어가는 거라며. 도대체 자네 지금 제 정신인가?"

최 전무는 그간의 진행상황을 모두 꿰뚫고 있는 눈치였다. 미국출장건은 이 부장과 자신만이 알고 있는 내용이었다. 최 전무가 알고 있는 것으로 보아 이 부장이 사실을 털어놓았을 가능성이 높았다. 이 부장은 최 전무가 펄쩍 뛸 걸 알면서 왜 사실을 털어놓은 것일까?

"죄송합니다."

홍 대리는 고개를 숙였다.

"이번이 마지막이네. 만일 이번에도 실패한다면 출장비를 반납하는 건 물론이고 회사를 완전히 떠날 각오를 하게."

최 전무는 테이블 위에 신용카드 한 장을 올려놓았다. 회사 명의의 법인카드였다. 홍 대리는 카드를 집어 들고 최 전무를 향해서 다시 한 번 고개를 숙였다.

"최선을 다하겠습니다."

최 전무는 시선을 창밖으로 돌렸다.

“어쩌자고 최 전무님한테 사실을 털어놓으셨습니까?”
홍 대리는 이 부장을 보자마자 따지듯이 물었다.
“내가 털어놓은 게 아니네.”
“그럼 최 전무님이 어떻게 모든 내용을 알고 계신 겁니까?”
“그건 사장님한테 물어보게.”
“사장님이라뇨?”
홍 대리가 반문했다.
“자네가 개인적으로 미국에 가겠다고 했을 때 그냥 모른 척할까도 생각했었네. 그런데 자네가 미국출장 얘기를 꺼낸 바로 그날 퇴근길에 우연히 사장님과 마주쳤네. 사장님은 안쓰러울 정도로 기운이 없어보였네. 회사 사정이 갈수록 나빠지니 무슨 힘이 나시겠나. 문득 사장님에게 희망을 주어야겠다는 생각이 들었지. 그래서 그동안 자네가 추진했던 해외시장개척 현황과 미국출장계획을 소상히 털어놓았네.”
“그래서요?”
“내가 상황을 설명하는 동안 사장님의 표정이 밝아지기 시작했네. 내가 설명을 마치자 사장님은 자네의 미국출장을 적극적으로 지원해 주라고 하셨네.”
“무작정 쳐들어가는 걸 아시면서도요?”

"그래. 사장님은 지난번 두바이 오더 건이 잘못되고 나서 낙담이 컸던 모양이네. 이탈리아 업체로부터 재 오더가 없는 것도 그렇고. 그런데도 자네가 포기하지 않고 미국시장에 진출하려고 애쓴다는 얘기를 듣고 힘이 나신게야."

"그래도 사장님 성격에 최 전무님한테 출장을 지원해주라는 지시를 내리기가 쉽지 않았을 텐데요."

"사장님과 최 전무님 사이에 어떤 대화가 오갔는지는 나도 모르네. 분명한 것은 사장님이 자네의 미국출장에 지대한 관심을 가지고 있다는 걸세. 자네 어깨가 무거워진 셈이지."

"최선을 다하겠습니다."

홍 대리가 결연한 표정으로 말했다.

비행기가 이륙하는 동안 홍 대리는 등받이에 머리를 기대고 눈을 감았다. 그동안 쌓였던 피로가 한꺼번에 밀려오는 것 같았다. 무역의 '무'자도 모르는 상태에서 해외시장을 개척하겠다고 나선지 어언 수개월이 흘렀다. 다행히 나승환 소장을 만나 기본적인 무역용어와 절차는 물론 협상전략까지 배웠지만, 막상 바이어와 직접 맞닥트린다고 생각하니 벌써부터 긴장되기 시작했다.

더욱이 홍 대리로서는 이번이 첫 번째 해외출장이었다. 배낭여행으로 유럽을 갔다 온 적은 있지만 미국은 초행길이었다. 영화에서만 보았던 뉴욕의 거리를 직접 밟아볼 수 있다는 생각에 야릇한 흥분이 밀려오기도 했다. 세계 최대의 도시라는 뉴욕에서 과연 어떤 일이 벌어질 것인가?

"뉴욕에 가거든 소호거리에 들러보게. 우리나라로 치면 인사동 같은 곳인데 머리를 식히기 좋은 곳이지."

인천공항에서 출국인사차 전화를 했을 때 나 소장이 느긋한 목소리로 말했다. 편안한 마음으로 다녀오라는 뜻이 담겨 있는 것 같았다.

"다녀와서 보고 드리겠습니다."

홍 대리가 씩씩한 목소리로 말했다.

유감스럽게도 현주와의 전화통화는 이루어지지 않았다. 휴대폰을 걸 때마다 지금은 전화를 받을 수 없으니 메시지를 남기라는 안내음만 흘러나왔다. 취재 중이거나 회의 중일 가능성이 높았다. 홍 대리는 현주의 목소리를 듣지 못하고 떠나는 것이 끝내 아쉬웠다.

이번 출장을 결심하게 된 직접적인 계기를 만들어 준 장본인이 바로 현주였다. 현주의 조언이 없었더라면 무작정 뉴욕으로 쳐들어 갈 엄두를 내지 못했을 것이다. 홍 대리는 현주의 휴대폰에 메시지를 남기려다가 그만두었다. 현주에 대한 울렁증은 여전했다.

JFK 국제공항에 도착해서 입국수속을 마쳤을 때는 이미 저녁 늦은 시간이었다. 공항리무진버스에 몸을 싣고 미리 예약해 둔 호텔로 향했다. 호텔은 시내 중심가에 자리 잡고 있었다. 생각보다 호텔의 규모가 컸다.

짐을 풀고 자리에 누웠으나 시차 때문인지 쉽사리 잠이 오질 않았다. 이런저런 생각이 스쳐 지나갔다. 졸업 후 취직자리를 구하지 못해서 방황하던 시간들, 어렵게 구한 첫 직장이 일 년도 안 돼서 부도가 났을 때의 막연함, 그리고 우여곡절 끝에 미래전자에 취업해서 영업 일을 하면서 겪었던 갖가지 기억들.

돌이켜보면 한 번도 자신이 하고 싶은 일을 해본 적이 없었다. 학교에서는 영문학을 전공했지만 취업난 때문에 자신의 전공을 살릴만한 직장을 구할 수가 없었다. 어쩔 수 없이 국내영업직에 도전했지만 내성적이고 소극적인 성격 탓에 신규거래처를 개발하는 것은 물론 기존거래처를 관리하는 일조차 힘에 부치기만 했다. 중소기업의 영업담당자로서 현장에서 겪어야하는 부조리와 좌절감이 만만치 않았다.

어느 날 갑자기 해외시장을 개척해보라는 이 부장의 지시가 떨어졌을 때 당황스럽기만 했다. 무역은 차치하고서라도 영어에 대한 자신감조차 잃어버린 상태였다. 그런 자신을 구해준 것이 바로 현주의 아버지이자 국내 최고의 무역 전문가인 나승환 소장이었다. 나 소장이 아니었다면 단시일 내에 무역의 전체적인 흐름을 이해하고 해외거래처와의 상담에 나설 엄두를 내지 못했을 것이다.

비록 아직까지 가시적인 성과를 거두진 못했지만 이제야 자신의 적성에 맞는 일을 찾았다는 생각이 들었다. 해외영업이란 것이 국내영업과 비슷한 것 같으면서도 다른 구석이 많았다. 무엇보다도 국내영업처럼 지연이나 혈연, 학연과 같은 눈에 보이지 않는 장벽에 얽매이지 않아서 좋았다. 국내거래처를 상대할 때처럼 굽실거릴 필요도 없었고, 불합리한 거래관행 때문에 스트레스를 받을 일도 없었다.

홍 대리는 미래전자의 해외영업을 총괄하는 해외영업 팀장이 되어 전 세계 시장을 누비는 자신의 모습을 그려보았다. 미국시장 진출에 성공함으로써 회사는 안정을 되찾고, 전 세계시장에서 쇄도하는 주문 때문에 행복한 비명을 지르는 상황이 머릿속에 그려졌다.

한참 공상의 나래를 펴고 있는데 휴대폰이 울렸다. 이 밤중에 누가 전화한 것일까? 홍 대리는 한국과의 시차를 깜빡 잊고 있었다.

"선배, 어디야?"

현주의 목소리였다.

"여기 뉴욕이야."

"언제 뉴욕에 간 거야?"

"오늘 도착했어. 출발하기 전에 전화했는데."

"그래서 전화한 거야. 어제 부재중 전화번호가 찍혀 있길래 몇 번이나 전화를 했는데 선배 전화가 꺼져 있더라고."

"비행기 출발하고 나서 꺼놨었어."

"그랬구나. 난 또 무슨 일이 생겼나 하고 걱정했지. 그나저나 지금 거기 몇 시야?"

"새벽 두 시쯤 된 거 같은데."

"내가 전화해서 깬 거야?"

"아냐. 잠이 오지 않아서 뒤척이고 있던 참이야."

"내 말대로 쳐들어 간 거야?"

"그런 셈이지."

"바이어하고는 연락해 봤어?"

"아직. 내일 아침에 전화해 보려고."

"혹시 모르니까 뉴욕에 있는 내 친구 전화번호 적어 놔. 도움이 될 거야."

현주는 친구의 전화번호라며 열자리 숫자를 두 번에 걸쳐 또박또박 불러주었다.

"제니라는 친군데 나랑은 둘도 없는 사이니까 부담 갖지 말고 연락해. 지난번에 선배한테 넘겨 준 시장조사서도 제니가 작성한 거야."

"여러모로 신경 써줘서 고마워."

"고맙긴. 선후배 사이에."

"돌아가서 연락할게."

"응. 굿 럭."

통화는 거기서 끝났다. 홍 대리는 현주와의 통화내용을 곱씹어보았다. 선후배 사이의 통상적인 통화에서 특별히 벗어난 내용은 없었다. 그런데도 홍 대리에겐 현주의 말 한 마디 한 마디가 특별한 의미로 다가왔다. 홍 대리는 한참을 더 뒤척인 후에야 억지로 잠을 청했다.

초대받지 않은 미팅

결국 홍 대리는 늦잠을 자고 말았다. 호텔 식당에 자리를 잡았을 때는 아침식사 시간이 거의 끝날 무렵이었다. 대충 요기를 하고 호텔 로비에 앉아 오늘 할 일에 대해서 생각해 보았다.

해리스전자를 방문하려면 우선 담당자와 미팅 약속을 해야 했다. 아무런 사전 약속이 없는 상태에서 불쑥 전화를 하기에는 아무래도 오전보다는 오후시간이 나을 것 같았다.

오전 내내 호텔 주변을 맴돌며 시간을 보낸 홍 대리는 오후 일과가 시작되었을 즈음에 해리스전자에 전화를 걸었다. 무턱대고 수입담당자를 바꿔달라고 했더니 잠시 후에 나이를 가늠할 수 없는 여직원의 목소리가 흘러나왔다.

"린다입니다."

"저는 한국의 미래전자에서 온 홍석진이라고 합니다."

"무슨 일로 전화를 하셨습니까?"

"저희 회사 제품을 소개하려고요."

"무슨 말씀이신지?"

"해리스전자에 저희 회사제품을 팔고 싶어서요."

"그러니까 저희 회사에 수출을 하고 싶다는 말씀이신가요?"

"그렇습니다."

"그런 문제는 제가 관여하지 않습니다. 저는 기존거래처와의 수입관련 행정업무를 담당하는 사람입니다."

"그럼 신규거래처와의 수입상담은 누가 합니까?"

"그건 해외사업을 총괄하는 마이클 소관입니다."

"마이클과 통화할 수 있습니까?"

"지금 출장 중이에요."

"언제 돌아오시나요?"

"그건 저도 잘 몰라요."

"아무튼 고맙습니다."

"천만에요."

린다의 목소리는 지극히 사무적이었다. 통화를 마친 홍 대리는 낭패감을 떨쳐버릴 수가 없었다. 담당자가 출장 중이라니. 예상치 못한 사태였다. 뉴욕에만 오면 담당자를 만나서 담판을 지을 수 있다고 생각한 것이 큰 오판이었다.

이제 어떻게 한단 말인가? 언제 돌아올 지도 모르는 사람을 마냥 기다릴 수도 없는 노릇 아닌가? 세계시장을 무대로 큰 꿈을 펼치겠다던 당찬 각오가 첫걸음부터 어긋나버린 것이다. 온 몸에 힘이 쫙 빠지는 것 같은 무력감이 밀려왔다. 그 순간 휴대폰의 진동이 울렸다.

"제니라고 합니다."

한국어 발음이 어딘지 어색하게 들렸다. 제니라면 어젯밤에 현주가 자신의 친구라며 알려줬던 전화번호의 주인공이었다.

"아, 그렇지 않아도 전화 드리려고 했는데."

"수지가 홍석진 씨 전화번호를 알려줬어요."

"수지라뇨?"

"현주말예요. 수지는 현주의 영어 이름이고요."

"아무튼 전화 주셔서 고맙습니다."

"해리스전자하곤 어떻게 됐어요?"

"그렇지 않아도 방금 통화를 했는데 담당자가 출장 중이라고 하네요."

"담당자가 누구래요?"

"마이클이라고 하던데요. 근데 언제 출장에서 돌아올지 모른대요."

"제가 한 번 알아보고 다시 전화 드릴게요."

통화를 마친 홍 대리는 어리둥절했다. 마이클이 언제 돌아올지는 동료직원도 잘 모른다고 했는데 어떻게 알아본다는 것일까? 홍 대리는 별 기대를 하지 않고 이제부터 무얼 할까를 궁리했다. 해리스전자를 방문하겠다는 계획이 무산되었으니 마땅히 할 일이 없었다. 나 소장이 일러준 대로 소호거리를 거닐기에는 마음의 여유가 없었다.

궁리 끝에 뉴욕시내에 있는 전자제품 매장을 둘러보기로 했다. 현지에서 팔리는 제품의 모델이나 판매가격들을 직접 확인해두면 도움이 될 것 같았다. 시내로 나갈 채비를 마치고 막 호텔을 나서려는데 휴대폰 진동음이 다시 울렸다.

"제니예요. 오늘 저녁에 시간 있으세요?"

다짜고짜 제니가 물었다.

"아니요. 별 다른 계획이 없는데요."

"그럼 저녁에 제가 호텔로 갈게요. 어느 호텔이죠."

"팰리스 호텔이에요."

"7시 정각에 로비에서 뵙죠."

홍 대리가 머뭇거리는 사이에 전화가 끊겼다.

저녁시간의 호텔로비는 분주했다. 이런 곳에서 얼굴을 모르는 사람을 처음 만난다는 것이 쉬워 보이지 않았다. 홍 대리는 연신 휴대폰을 만지작거렸다. 제니의 전화를 놓치지 않기 위해서였다.

"석진 씨죠?"

제니가 먼저 홍 대리를 알아보고 아는 척을 했다.

"제니 씨?"

"반가워요."

"어떻게 절?"

"다 아는 수가 있어요."

제니가 밝게 웃었다. 첫 인상이 좋아 보였다. 분위기가 현주와 많이 닮았다는 느낌이 들었다.

"밖으로 나가죠. 근처에 괜찮은 한국식당이 있어요."

제니가 앞장을 섰다. 호텔을 나와서 10분 정도 걸어가니까 한국식당 간판이 나타났다. 미리 예약해 놓은 듯 종업원이 2층의 구석진 자리로 안내했다.

"피곤하시죠? 시차 때문에."

자리에 앉자마자 제니가 물었다.

"그럭저럭 견딜만 합니다."

잠시 어색한 침묵이 흘렀다.

"현주하곤 이곳 학교에서 만났어요. 참 저는 교포 2세고요. 우린 처음 만나자마자 바로 단짝이 됐어요. 모든 면에서 잘

통했죠. 결국 직장도 같은 데 지원했는데 운 좋게도 동시에 합격이 됐어요. 하지만 현주가 서울지사로 발령받는 바람에 헤어져야 했죠."

제니는 물어보지도 않은 말을 늘어놓았다. 홍 대리는 묵묵히 듣기만 했다.

"참, 해리스전자 건 말예요."

제니가 화제를 바꿨다.

"마이클하고 통화했어요."

"마이클하고요?"

홍 대리가 놀란 표정으로 반문했다.

"마이클은 출장 중이라고 했는데……."

"휴대폰으로 통화했어요. 내일 출근한대요. 오후 3시에 약속 잡아 놨으니까 만나보세요."

제니가 빠른 속도로 말했다. 홍 대리는 어리둥절할 따름이었다. 제니가 무슨 수로 마이클의 전화번호를 알아냈으며 직접 통화까지 해서 약속을 잡았단 말인가?

"이게 다 언론의 힘이죠. 기업담당 기자를 동원했어요. 제가 해드릴 수 있는 건 여기까지예요. 미국이란 사회가 모든 걸 인맥으로 해결할 수 있는 곳은 아니라서."

"정말 고맙습니다. 마이클을 만나보지도 못하고 빈손으로 돌아가는 것 아닌가 하고 걱정했거든요. 이 은혜 잊지 않겠습니다."

"은혜라고까지 할 건 없고요. 얘기가 잘 되면 밥이나 한 번 사세요."

"여부가 있겠습니까?"

홍 대리가 환하게 웃었다.

마이클은 회사 정문까지 나와서 홍 대리를 맞았다.

"먼 길 오시느라 고생하셨습니다."

"만나서 반갑습니다."

마이클은 사무실 한편에 자리 잡은 자기 방으로 홍 대리를 안내했다. 명함을 교환한 후 마이클이 먼저 입을 열었다.

"제니한테 대충 얘긴 들었습니다. 저희와 거래를 하고 싶다고요."

"그렇습니다. 저희 회사 제품은 성능이나 디자인 면에서 어느 회사 제품에도 뒤지지 않는다고 자부합니다. 품질 대비 가격경쟁력도 있고요. 아무쪼록 해리스전자와 거래를 틀 수 있기를 희망합니다."

홍 대리는 준비해 온 카탈로그와 가격표를 테이블 위에 올려놓았다.

"저희 회사 주요 제품에 대한 카탈로그와 가격표입니다."

마이클은 잠시 카탈로그와 가격표를 뒤적거리더니 입을

열었다.

"저희 회사가 이미 제이테크와 거래하고 있는 걸 알고 계십니까?"

"알고 있습니다. 혹시 제이테크와 다른 한국제품을 취급하지 않기로 합의라도 했나요?"

홍 대리는 가장 염려했던 부분이었다.

"그런 건 아니지만……."

마이클이 말꼬리를 흐렸다. 잠시 침묵이 흐른 후 마이클이 말을 이었다.

"아무래도 저희 입장에서 한국산 제품을 두 가지나 취급한다는 게 여러 면에서 쉬울 것 같지 않습니다."

표현은 부드러웠으나 거절의 뜻이 분명했다. 홍 대리의 마음이 급해졌다. 이대로 돌아선다면 뉴욕까지 날아 온 보람도 없을뿐더러 애초에 뉴욕행을 권한 현주를 볼 면목도 없었다. 협상에 성공하기 위해서는 서두르지 말고 기선을 제압하라는 나 소장의 충고가 있었지만, 지금 상황에선 원칙론에 불과할 뿐이었다.

"사실은 저희 회사의 사정이 급합니다. 제품만 놓고 보면 어디에 내놔도 꿀리지 않는다고 자신합니다만 마케팅 실패로 국내시장에서 고전하고 있습니다. 그래서 해외시장에 눈을 돌린 거고요. 제이테크 제품과는 디자인이나 성능 면에서 차이가 많습니다. 저희 제품이 낫다는 건 아니고, 찾아보면 미국시장에 먹힐만한 모델이 있을 겁니다. 가격 면에서도 최선을 다했고요."

홍 대리는 마지막 기회를 놓치지 않겠다는 듯이 열변을 토했다.

"일단 검토는 해보겠습니다. 하지만 너무 기대는 하지 마시고요."

마이클이 침착한 어조로 말했다. 홍 대리는 아쉬웠지만 자리에서 일어설 수밖에 없었다. 검토해 보겠다는 사람을 더 이상 몰아붙이다가는 역효과가 날 가능성이 높았다. 애당초 무작정 쳐들어가서 당장 오더를 받을 수 있을 거라고 생각한 것이 무리였다. 국내거래든 무역거래든 새로운 거래를 튼다는 것이 그렇게 쉬운 일이 아니었다.

"너무 낙심하지 마세요."

제니가 홍 대리를 위로했다. 일이 잘 풀리진 않았지만 호의를 베풀어준 제니에게 작별인사라도 해야 할 것 같아서 홍 대리가 마련한 자리였다.

"제가 너무 순진했던 거 같아요."

홍 대리가 풀 죽은 목소리로 말했다.

"상대방의 입장은 생각하지 않고 밀어붙이면 뭔가를 얻을 수 있다고 생각했어요."

"아직 끝난 게 아니잖아요. 조금 기다려 보세요. 좋은 소식이 있을지도 모르니까."

말은 그렇게 하면서도 제니의 표정 또한 밝지 않았다. 현주의 각별했던 부탁을 떠올리니 일이 잘 풀리지 않은 것이 자신의 탓일지도 모른다는 생각까지 들었다. 하지만 제니로서도 더 이상 손을 쓸 수 없는 상황이었다. 아무리 언론의 힘이 막강하다고 해도 기업 간의 거래를 좌지우지 할 수는 없는 노릇이었다. 게다가 여긴 미국이 아닌가.

"아무래도 제이테크 때문에 새로운 한국산 제품을 취급하는 게 쉽지 않은 모양이에요."

홍 대리의 목소리는 여전히 힘이 없었다.

"얄궂은 운명이네요."

제니가 지나가는 투로 말했다.

"얄궂은 운명이라뇨?"

홍 대리가 되물었다.

"모르셨어요?"

"……."

"제이테크의 허준표 사장이랑 현주가 사귀었잖아요."

홍 대리는 순간 머리가 하얘지는 것 같았다. 현주가 허 사장이랑 사귀었다니. 최강의 캠퍼스커플로 알려졌던 현주의 상대가 바로 허준표 사장이었단 말인가? 현주에게 남자친구가 생겼다는 소문이 돌았을 때 홍 대리는 일부러 모른 척했다. 상대가 무슨 과의 누구인지조차 알려고 하지 않았다.

"둘이 같이 유학을 왔어요. 근데 여기 오고 일 년도 안돼서 허 사장에게 다른 여자가 생겼어요. 바로 한성그룹 강병국 회장의 셋째 딸인 강미연이에요. 그걸로 현주하곤 끝이 났죠. 허 사장은 귀국해서 강미연과 결혼식을 올렸고, 한성그룹에 합류할 것이라는 예상을 깨고 제이테크를 인수해서 독자경영에 나선 거예요."

제니는 기자답게 상황을 조리 있게 정리해 주었다.

"전 다 알고 계신 줄 알고. 현주한텐 모른 척해주세요. 제가 얘기했다는 걸 알면 난리가 날 거예요."

"걱정하지 마세요."

홍 대리는 일부러 대수롭지 않은 듯한 표정을 지었다. 하지만 속으로는 여러 가지 생각이 교차되었다. 왜 하필이면 현주가 사귀었던 사람이 허 사장이란 말인가. 현주가 자신을 돕게 된 것이 허 사장에 대한 복수심에서 비롯된 것은 아닐까? 허 사장은 현주가 자신을 돕고 있다는 사실을 알고 있을까? 홍 대리의 머릿속이 복잡해졌다.

알코바 상륙작전

홍 대리는 귀국하자마자 이 부장에게 사직서를 제출했다. 해리스전자로부터 오더를 받는 데 실패한 만큼 더 이상 회사에 남아 있을 명분이 없었다.

"다시 한 번 생각해 보게."

이 부장이 말했다.

"자네야 회사를 떠나면 그만이지만 미래전자의 미래는 누가 책임진단 말인가? 회사의 상황이 말이 아니네. 시장점유율에서 제이테크와의 격차가 점점 벌어지고 있어. 공장은 조업단축에 들어간 상태고. 더 이상 상황을 역전시킬만한 카드가 없는 상황이라고. 여기서 해외시장 진출의 꿈마저 사라진다면 무슨 희망이 있단 말인가?"

이 부장의 목소리가 떨렸다.

"현실은 현실입니다. 저희 회사의 상황이 어렵다고 해서 무조건 오더부터 하고 보는 바이어는 지구상에 없습니다. 그건 저희의 희망사항에 불과할 뿐이죠. 모든 일엔 시간이 필요한 법입니다. 해외시장에 진출하려면 상당기간 공을 들이고 참고 기다리는 인내심이 필요합니다. 이번 뉴욕출장에서 한 가지 얻은 것이 있다면 바쁠수록 돌아가란 것입니다. 서두른다고 일의 진행이 빨라지는 건 아닙니다. 오히려 일이 어긋날 수도 있습니다."

홍 대리의 목소리도 떨리기 시작했다.

"아무튼 사직서는 당분간 내가 가지고 있겠네. 자네 말대로 좀 더 기다려 보세. 여기저기 씨를 뿌려 놓았으니 기다리면 좋은 소식이 있지 않겠나."

말은 그렇게 하면서도 이 부장의 표정은 밝지 않았다. 당장 최 전무의 노여움을 잠재울 방법이 마땅치 않았다. 김일도 사장까지 동원해서 홍 대리의 뉴욕출장을 성사시켰지만 결과적으로 출장비만 날린 꼴이 되어버렸다. 이 부장은 한숨을 한 번 크게 내쉬고 나서 최 전무의 방 쪽으로 향했다.

"그건 실패한 것이 아니네."

홍 대리로부터 출장결과를 전해들은 나 소장이 천천히 입을 열었다.

"전에도 말했듯이 거래제의를 하자마자 기다렸다는 듯이 오더를 하는 경우는 거의 없네. 새로운 거래처와 첫 거래를 트기까지는 어느 정도의 숙성기간이 필요하기 때문이지. 물론 숙성기간이 경과한다고 해서 반드시 오더로 연결된다는 법도 없지만, 어쨌든 숙성기간이 필요하다는 걸 인정하고 참고 기다리는 인내심이 필요하다네."

"하지만 저희 회사 입장에서 마냥 기다릴 수만은 없는 상황이라서……."

"어쨌든 이번 출장을 통해서 해리스전자 측에 확실한 인상을 심어 놓은 것만은 틀림없잖은가. 농사로 말하면 일단 씨를 뿌리는 데는 성공한 셈이지. 씨를 뿌렸으면 싹이 틀 때까지 기다려야 하네. 당분간 해리스전자 건은 잊어버리게. 농사를 지을 때도 숙성기간 중에는 들여다보지 않는 법일세."

나 소장의 충고가 아니더라도 홍 대리는 더 이상 해리스전자 건에 연연하고 싶지 않았다. 해리스전자 뿐만 아니라 당분간 해외시장 진출과 관련된 업무로부터 해방되고 싶었다.

"소장님은 어떻게 무역 일을 하게 되셨어요?"

홍 대리가 화제를 바꿨다.

"어떻게라니?"

"특별한 계기라도 있었나 해서요."

"내가 학교를 졸업한 1970년대 후반은 종합상사의 인기가 하늘을 찌를 때였네. 전국의 내로라하는 인재들이 너나없이 종합상사에 지원을 했을 정도로 말일세."

"종합상사가 정확히 뭐예요?"

"간단하게 정의하면 대규모 무역회사라고 할 수 있지. 우리나라에서는 이미 종합상사 제도가 폐지가 되었지만 우리나라의 무역을 획기적으로 발전시키는 데 큰 역할을 한 것이 바로 종합상사라네."

"1970년대 후반에 종합상사가 인기가 있던 특별한 이유라도 있나요?"

"그때 우리나라의 무역규모가 폭발적으로 늘어났기 때문이지. 무역규모가 늘어남에 따라 우리나라 경제에서 종합상사가 차지하는 비중이 커질 수밖에 없었네. 아무튼 그 당시 종합상사 직원이라고 하면 배우자감 순위에서 최상위권을 차지할 정도로 인기가 좋았다네."

"그럼 소장님도 종합상사에서 처음 직장생활을 시작하신 거예요?"

"그렇다네."

"그 회사가 어디죠?"

"대진실업이라고 자네는 모를 걸세."

"처음 들어보는 데요. 종합상사라면 꽤 유명한 회사일 텐데 왜 이름이 낯설죠?"

"대진실업은 한때 우리나라에서 가장 잘 나가던 회사 중에 하나였지. 하지만 지금은 이 세상에 존재하지 않는다네."

"……."

"망했다는 뜻이지. 대진실업 뿐만 아니라 대진실업이 인수했던 13개 계열사 모두 어느 날 갑자기 문을 닫았네."

"갑자기 망한 이유라도 있나요?"

"표면적으로는 무리하게 사업을 확장하다가 자금난 때문에 좌초한 것으로 알려져 있지. 하지만 속을 들여다보면 여러 가지 복잡한 사연이 깔려 있다네."

"복잡한 사연이라뇨?"

"원래 대진실업은 1974년에 당시 27세에 불과했던 박성진이라는 청년이 무일푼으로 시작한 회사라네. 근데 이 회사가 불과 3년 만에 연간 수출실적 순위 10위를 차지해서 당당히 종합상사로 지정이 되었네."

"어떻게 그런 일이 가능했나요?"

"박 회장은 그야말로 평범한 청년에 불과했네. 무역을 전공한 것도 아니고 학교를 졸업하고 군대 갔다 와서 잠시 직장생활을 하다가 뛰쳐나와서 사업을 시작한 걸세."

"무역을 배우지도 않고 경험도 없는 사람이 어떻게 무역을 하게 되었나요?"

"우연히 만난 선배로부터 어깨 너머로 무역 일을 배웠다고 하네."

"그렇다고 해도 3년 만에 종합상사가 됐다는 게 믿어지지가 않아요."

"그럴 걸세. 보통 사람의 생각으로는 도저히 이해할 수 없는 일이지. 하지만 박성진 회장은 한 번 잡은 기회를 놓치지 않았네."

"어떤 기회였는데요?"

"무역을 시작해서 1년 남짓 고전하던 박 회장은 우여곡절 끝에 사우디의 한 바이어와의 첫 거래를 성사시켰네. 주문량도 많지 않았고 가격네고를 타이트하게 하다보니까 수출해봐야 남는 것도 별로 없는 그야말로 본전치기 오더였지. 그래도 첫 오더라 각별히 신경을 써서 물건을 보내고 네고까지 마쳤는데 한 달쯤 지나서 바이어로부터 연락이 왔네. 물건에 하자가 많아서 제값을 받을 수가 없으니 손해를 배상해 달라는 거였네. 일종의 클레임을 제기한 거지. 그것이 박 회장이 무역에 입문하고 나서 처음으로 접수한 클레임이었네."

"……."

"클레임을 접수한 박 회장은 잠시 고민에 빠졌네. 바이어의 주장이 부풀려졌을 가능성이 높았기 때문이지. 바이어의 클레임을 어떤 식으로 처리할까를 놓고 고민에 고민을 거듭

하던 박 회장은 결국 과감한 결단을 내렸네."

"과감한 결단이라뇨?"

"아무런 조건 없이 바이어의 클레임을 받아들이고 바이어가 원하는 대로 처리해 주겠다고 통보한 걸세."

홍 대리는 어디서 들어 본 얘기 같다는 생각이 들었다. '성공적인 협상을 위한 일곱 가지 전략'을 설명하는 중에 예로 들었던 내용과 흡사했다.

"바이어와 시시비비를 가리다 보면 관계가 악화돼서 더 이상 거래관계를 유지하기 힘들어질 가능성이 높다고 판단한 거지. 즉 대를 위해서 소를 희생하는 전략을 사용한 것이네."

"그래서 어떻게 됐나요?"

"협상과정에서 깎아줄 요량으로 손해배상액을 부풀려서 제시했던 바이어는 박 회장이 아무런 조건 없이 클레임을 받아들이자 크게 감복했지. 바이어는 박 회장의 결단에 보답하는 차원에서 사우디에서 힘깨나 쓰는 빅 바이어에게 박 회장을 소개해주었네."

"그래서 빅 바이어의 도움으로 회사가 커진 거군요."

"결과적으로 그렇게 됐지만 처음에 도움을 받은 것은 오히려 빅 바이어였네."

"그건 또 무슨 말씀이세요?"

"빅 바이어의 이름이 미르자였는데 박 회장을 소개받았을 당시에 미르자는 큰 어려움에 직면해 있었네."

"어떤 어려움이었나요?"

"한국에 대량의 시멘트 오더를 한 것이 문제가 됐네. 중동 지역의 건설 붐에 따라 시멘트 가격이 폭등하자 한국의 수출업자가 물건을 실을 수 없다고 나자빠진 걸세."

"가격이 폭등했다고 나자빠지다뇨?"

"말이 안 되는 소리지. 무역거래라는 것이 한 번 계약을 했으면 가격이 오르든 내리든 계약한 가격대로 계약을 이행하는 것이 당연한 일인데 말일세."

"그래서 어떻게 됐나요?"

"사우디정부에서 시행하는 공사에 필요한 시멘트를 공급해주기로 계약을 체결했던 미르자로서는 난감한 상황이었지. 바로 그때 박 회장을 알게 된 걸세."

"그래서요?"

"박 회장에게 상황을 설명하고 한국산 시멘트를 공급해줄 수 있는 지를 알아봐 달라고 했네."

"박 회장으로서도 뾰족한 수가 없었을 텐데요."

"그랬지. 워낙 가격이 폭등해서 원래 계약한 금액으론 도저히 가격을 맞출 수 없는 상황이었지."

"그래서 어떻게 됐나요?"

"주변사람들에게 조언을 구한 결과 한 가지 묘책을 생각해

냈네.”

“묘책이라면?”

“배 한 척을 통째로 빌려서 시멘트를 실어가기로 한 걸세. 시멘트 거래에서 운송비가 차지하는 비중이 워낙 크기 때문에 운송비를 줄이면 가격폭등에 따른 채산성 문제를 어느 정도 해결할 수 있다고 판단한 거지.”

“그래서 문제가 해결이 됐나요?”

“그렇게 쉽게 풀리는 문제가 어디 있겠나?”

“…….”

“배 한 척을 통째로 빌리기에는 싣고 나갈 시멘트의 양이 모자랐네.”

“그래서 어떻게 했어요?”

“박 회장은 한참을 궁리한 끝에 또 다시 묘안을 생각해 냈다네.”

“어떤?”

“시멘트 말고 다른 회사들이 수출할 물건을 함께 실어서 내보내기로 한 걸세. 일단 대진실업 명의로 배를 빌려서 다른 회사 물건과 함께 실은 다음 운임을 정산하면 수지를 맞출 수 있다는 계산이 섰네.”

“실무적으로 문제가 없었나요?”

“실무적인 문제는 선박회사의 도움을 받아서 해결을 했지.

어쨌든 무사히 선적을 마치고 한시름 놓고 있는데 사우디에서 연락이 왔네."

"또 무슨 문제가 생겼나요?"

"무사히 항해를 마치고 사우디 서안에 자리 잡은 알코바 항에 접근했는데 워낙 많은 배들이 한꺼번에 접안을 하려고 난리여서 순서를 기다리려면 언제가 될지 모르는 상황이라는 거였네."

"그 정도로 짐이 많았나요?"

"말도 말게. 그때가 한창 오일달러 붐이 일기 시작하던 때였네. 중동 각국에서 경쟁적으로 대형 건설공사를 벌이다보니 항구마다 건설기자재를 실은 배들이 장사진을 쳤다네."

"그런 문제를 어떻게 해결했나요?"

"이 대목에서 우리나라 무역 역사에 길이 남을 알코바 상륙작전이 등장한다네."

"알코바 상륙작전이라니요?"

"알코바 항의 적체문제를 해결하기 위해서 인근 건설현장에서 사용하는 헬기를 동원한 걸세."

"그럼 헬기로 시멘트를 실어 날랐다는 말씀이세요?"

"그렇다네."

"어떻게 그런 생각을?"

홍 대리는 놀란 표정을 감추지 않았다. 시멘트를 헬기로 실어 나르다니. 상식적으로 이해가 가지 않는 얘기였다.

"헬기로 시멘트를 실어 나르려면 비용이 만만치 않았을 텐데요. 운임을 아끼기 위해서 배를 통째로 빌린 것이 무색해진 건 아닌가요?"

"그래서 건설현장에서 자재수송용으로 사용하던 헬기를 동원한 걸세."

"……."

"그 당시 건설현장마다 시멘트가 모자라서 난리를 치고 있었네. 그런 사정을 간파한 박 회장이 사우디까지 날아가서 헬기를 사용 중인 건설업체와 협상을 벌였지. 결국 해당 건설업체에 시멘트를 공급해 주기로 하고 연료비만 부담하는 조건으로 헬기를 사용하기로 합의를 본 걸세."

"대단한 발상이네요."

"아무튼 알코바 상륙작전의 성공으로 미르자의 입지는 더욱 확고해졌고, 대진실업은 도약의 발판을 마련하게 되었네. 박 회장은 미르자와의 거래에 안주하지 않고, 지속적으로 신규거래처를 개발하여 창업 3년 만에 종합상사로 지정받기에 이르렀다네."

"그렇게 잘 나가던 대진실업이 망하게 된 진짜 이유는 뭔가요?"

"그건 다음에 얘기하세. 얘기가 좀 길다네."

나 소장의 얼굴에 피곤한 기색이 스쳤다. 홍 대리는 아쉬웠지만 그쯤에서 일어설 수밖에 없었다. 나 소장이 문밖까지 나와서 홍 대리를 배웅했다. 홍 대리가 목례를 하고 돌아서려는 순간 나 소장이 지나가는 말투로 물었다.

"현주는 잘 지내나?"

순간 홍 대리는 몹시 당황스러웠다. 현주를 본 지도 오래되었고, 귀국해서도 전화통화 한 번 한 적이 없었다. 나 소장이 어떻게 생각하든 현주와는 그저 그런 선후배 사이에 불과했다.

"잘 좀 부탁하네."

홍 대리가 머뭇거리자 나 소장이 말을 보탰다. 목소리가 왠지 처량하게 들렸다.

역전의 실마리

평소와는 달리 집으로 돌아가는 길이 많이 밀렸다. 홍 대리는 FM에서 흘러나오는 음악을 들으며 생각을 정리했다.

현주를 다시 만나고 나서 많은 변화가 있었다. 나승환 소장으로부터 무역을 배웠고 미국시장을 개척한답시고 뉴욕까지 다녀왔다. 불과 몇 달 전만 해도 무역의 '무'자도 몰랐는데 어느새 한 회사의 해외영업을 책임져야 하는 입장이 되었다.

홍 대리에게 현주는 단순히 나 소장과의 연결고리에 불과한 존재가 아니었다. 현주에 대한 홍 대리의 감정은 오랜 동안의 공백에도 불구하고 사그라지지 않았다. 현주를 다시 만난 순간 홍 대리는 순식간에 오래 전의 기억으로 되돌아가는 느낌을 지울 수 없었다. 이젠 다 잊었다고 생각했는데 예전의 감정이 그대로 남아 있었다.

현주가 예전에 사귀었던 상대와 헤어진 것을 알고 마음이 흔들렸던 홍 대리는 그 상대가 바로 제이테크의 허준표 사장이라는 사실이 혼란스럽기만 했다. 현주가 자신을 도와주려고 했던 것이 단순히 후배로서 선배를 위한 마음에서였을까…… 행여 허 사장에 대한 감정의 찌꺼기가 남아 있는 건 아닐까…….

홍 대리는 휴게소에 차를 세우고 현주에게 전화를 했다. 발신신호가 울리자마자 현주의 목소리가 흘러나왔다.

"그렇잖아도 전화하려던 참인데."

"전화가 늦어서 미안해. 덕분에 잘 다녀왔어."

"해리스전자하곤 시간이 걸릴 거 같다며?"

현주는 이미 제니로부터 뉴욕에서의 진행상황을 전해들은 것 같았다.

"제이테크하고의 관계 때문에 당분간 힘들 것 같아."

홍 대리는 일부러 제이테크의 이름을 거론하고 현주의 눈치를 살폈다.

"선배, 너무 조급하게 생각하지 마."

현주가 아무렇지도 않게 받아넘겼다.

"지금 소장님 뵙고 돌아가는 중이야."

"……."

"네 안부를 물으시더라고. 나더러 잘 부탁한다는 말씀도 하시고."

"선배."

"……."

"사실은 아빠한테 선배와 사귀는 사이라고 했어."

"……."

"아빠가 나한테 신경 쓰는 게 싫어서."

"그게 무슨 소리야?"

"그냥. 아빠가 나한테 관심을 갖는 게 부담스러워."

"그런 말이 어디 있어? 부모가 자식한테 관심을 갖는 건 당연한 거 아냐?"

"아무튼 미안해. 없는 소릴 해서."

현주의 목소리가 가늘게 떨렸다.

"나야 아무래도 괜찮아."

홍 대리는 얼떨결에 한 마디 던지고 나서 통화를 마무리 지었다. 통화를 마친 홍 대리의 머릿속에는 여러 가지 생각이 교차되었다. 현주의 말을 듣고 보니 그동안 지나칠 정도로 자신에게 잘해주었던 나 소장의 모습이 새삼스럽게 다가왔다.

그러고 보니 현주를 부탁한다는 말을 되풀이했던 나 소장의 표정도 예사롭지 않았다는 생각이 들었다. 현주는 왜 나 소장에게 자신과 사귄다는 얘기를 꺼낸 것일까? 나 소장의 관심이 부담스럽다는 건 무슨 의미일까? 도대체 현주와 나 소장 사이에 무슨 일이 있었던 것일까? 홍 대리의 궁금증은 커져만 갔다.

제이테크의 변종수 상무는 미래전자가 해리스전자와 거래를 트기 위해서 움직이고 있다는 정황을 포착했다. 담당직원들이 해외거래처와 주고받는 메일의 사본을 챙겨보던 중 미국담당 직원 앞으로 보낸 린다의 메일에서 확인한 정보였다.

린다의 메일에는 미래전자 직원이 마이클을 만나고 갔다는 내용도 들어있었다. 담당직원에게 좀 더 자세한 내용을 확인해 보라고 했지만, 린다가 아는 건 거기까지라고 했다. 미래전자 직원과 마이클의 회의 결과에 대해서는 아는 바가 없다고 했다.

그렇다고 마이클에게 직접 물어볼 수도 없는 노릇이었다. 담당직원과의 친분 때문에 정보를 제공한 린다의 입장을 난처하게 할 수는 없었다. 어쨌든 미래전자가 해리스전자를 접촉했다는 사실은 별로 기분 좋은 뉴스가 아니었다. 당장 거래가 이루어지지 않는다고 해도 제이테크의 향후 행보에 걸림돌이 될 지도 모르는 상황이었다.

변 상무는 일단 허준표 사장에게 보고해 두는 것이 낫다고 생각했다. 나중에라도 알게 되면 제때 보고하지 않은 것을 섭섭하게 생각할 수도 있는 일이었다.

"기어이 해리스전자를 접촉했군요."

허 사장의 표정이 어두워졌다.

"우리와 거래를 하고 있는 걸 알면서도 해리스전자에 접근하는 의도가 뭐라고 생각하십니까?"

허 사장이 물었다.

"글쎄요……."

변 상무는 잠시 시간을 번 뒤 말을 이었다.

"미래전자가 국내시장에서의 열세를 극복하기 위해서 미국시장 진출에 총력을 기울일 가능성이 높습니다. 따라서 해리스전자 뿐만 아니라 미국 내 전자제품 취급업체를 광범위하게 접촉했을 것으로 판단됩니다. 문제는 이미 한국산 제품을 취급하고 있는 해리스전자까지 넘보는 이유가 뭔가 하는 겁니다."

"혹시 우리에게 국내시장을 빼앗긴 앙갚음을 하려는 의도는 아닐까요?"

허 사장의 표정이 굳어졌다. 충분히 가능성이 있는 얘기였다. 불과 몇 해 전까지만 하더라도 국내시장에서 미래전자의 위상은 대단했었다. 후발주자인 제이테크가 감히 넘보지 못할 정도로 탄탄한 시장을 구축하고 있었다. 그런 상황이 순식간에 역전된 것은 순전히 허 사장의 저돌적인 마케팅 덕분이었다.

제이테크의 성공을 바탕으로 한성그룹의 후계자 입지를 다지고자 했던 허 사장은 미래전자와의 차별화를 위해서 미국시장 진출이라는 회심의 카드를 빼어들었다. 어설프게 해외시장에 진출하느니 국내시장에서 뿌리를 내리는 것이 낫다는 미래전자의 판단은 제이테크의 대대적인 광고 공세 앞에 무너져 버렸다. 그리고 제이테크가 광고를 통해서 내세운 것은 바로 미국시장 진출이라는 캐치프레이즈였다.

궁지에 몰린 미래전자로서는 제이테크가 내세우는 캐치프레이즈를 무력화시키기 위해서라도 미국시장 진출에 사활을 걸만한 상황이었다.

"아무튼 미래전자의 미국시장 진출만큼은 무슨 수를 써서라도 막아야 합니다."

허 사장이 결연한 표정으로 말했다.

"명심하겠습니다."

변 상무의 목소리에는 어느새 힘이 들어가 있었다.

메일함을 확인하던 홍 대리는 해리스전자의 마이클이 보낸 메일을 발견하곤 가슴이 두근거렸다. 미국출장이 실패로 돌아간 후 해리스전자에 대한 미련을 접다시피 했는데 막상 마이클이 보내 온 메일을 보니 막연한 기대감이 되살아났다.

마이클이 보내 온 메일의 요지는 자기네 브랜드로 물건을 만들어줄 수 있느냐는 것이었다. 소위 주문자상표 방식의 거래를 제안한 것이다. 주문자상표로 거래를 하게 되면 일단 거래를 트는 것은 쉬우나 장기적으로는 자체브랜드로 수출하는 것이 여러모로 유리했다. 홍 대리는 이 부장에게 보고하고 의견을 물었다.

"지금 우리가 찬 밥 더운 밥 가릴 때가 아니지 않는가?"

이 부장은 해리스전자의 의견을 무조건 받아들이고 보자는 것이었다. 하긴 지금 미래전자의 입장에서 입에 맞는 떡만 골라먹을 입장은 아니었다. 문제는 주문자상표로 수출할 경우 미국시장 진출의 의미가 퇴색할 수 있다는 것이다. 미국시장 진출에 공을 들이는 이유 중의 하나가 제이테크가 내세우는 미국시장 진출이라는 캐치프레이즈를 무력화시키기 위함이 아닌가?

물론 주문자상표로 수출하더라도 미국시장에 진출했다고 우길 수는 있겠지만 아무래도 자체 브랜드로 미국시장에 진출한 제이테크를 견제하기에는 명분이 약할 수밖에 없었다. 어찌 보면 해리스전자에서 제이테크와의 관계를 의식해서 주문자상표 방식의 거래를 제안한 것인지도 모른다는 생각이 들었다.

잠시 고민하던 홍 대리는 마이클에게 보낼 답장을 작성했다. 주문자상표 방식으로도 물건을 공급할 수는 있으나, 주문자상표로 거래하려는 특별한 이유가 있는지 궁금하다는 내용이었다.

마이클은 지체 없이 답장을 보내왔다. 그동안 주문자상표 방식으로 물건을 공급하던 중국 업체에서 문제가 발생하여 급하게 새로운 공급업체를 찾고 있다는 것이었다. 답장에는 일단 주문자상표 방식으로 시작하지만 향후 자체브랜드로 거래할 기회가 열려있다는 내용이 덧붙여져 있었다.

홍 대리는 더 이상 고민할 필요가 없었다. 미국시장을 선도하는 업체와 거래를 튼다는 사실 하나만으로도 대단한 성과가 아닌가. 이왕이면 처음부터 자체상표로 진출하면 좋겠지만 주문자상표로라도 미국이라는 거대한 시장에 진출한다는 것은 지금의 미래전자 상황에서는 대단히 고무적인 일이 아닐 수 없었다.

홍 대리는 마이클에게 구체적인 오더내역을 보내달라고 요청하는 메일을 발송하고 사무실을 나섰다. 마침내 미국시장에 첫 발을 내딛게 되었다고 생각하니 감개가 무량했다. 그 순간 가장 먼저 떠오르는 사람은 바로 나승환 소장이었다. 기본적인 무역용어와 절차를 깨우쳐준 것도 고마웠지만, 오랜 현장경험에서 우러나온 주옥같은 조언이 없었더라면 오늘과 같은 결과를 기대할 수 없었을 것이다.

무역이 농사를 짓는 것과 같다던 나 소장의 말도 틀림이 없었다. 애당초 해리스전자를 방문해서 제안서를 제출하지 않았더라면 해리스전자와의 거래는 영영 불가능했을지도 모른다. 뉴욕출장에서 돌아오면서 느꼈던 절망감이 어느새 희망의 부푼 꿈으로 바뀌어 있었다. 그때 씨를 뿌렸기에 과실을 거두게 된 것이 아닌가. 홍 대리는 나 소장에게 기쁜 소식을 직접 전하기 위해서 가평으로 향했다.

베이루트에 지다

"오늘은 무슨 문젠가?"

연락도 없이 찾아 온 홍 대리를 보고 나 소장이 걱정스런 눈빛으로 물었다.

"오늘은 문제가 있어서가 아니라 기쁜 소식을 전해드리려고 왔습니다."

홍 대리는 밝은 목소리로 해리스전자와의 진전 상황에 대해서 설명했다.

"그거 참 잘 됐구먼. 무역거래라는 것이 처음 거래를 트는 것이 힘들지, 일단 거래가 시작되면 특별한 문제가 없는 한 지속적인 거래로 이어질 확률이 높네. 서로 다른 나라끼리의 거래이다 보니 여간해선 거래처를 바꾸려들지 않기 때문이지."

"여기까지 오는 데는 소장님의 가르침이 정말 큰 힘이 되었습니다."

"다 자네가 열심히 한 탓이지."

"오늘은 지난번에 중단된 대진실업 얘기를 마저 듣고 싶습니다. 창업 3년 만에 종합상사가 될 정도로 승승장구했던 대진실업이 망한 진짜 이유가 뭔가요?"

홍 대리가 대진실업을 거론하자 나 소장의 표정이 진지해졌다.

"대진실업의 사세는 종합상사로 지정되고 나서 더욱 빠른 속도로 확장되기 시작했네. 불과 1년 사이에 건설, 전자, 중공업을 망라하는 13개 기업을 인수해서 창업 4년 만인 1978년에는 매출액 순위 10대 재벌의 지위에까지 올라섰다네. 창업자인 박성진 회장은 최연소 재벌그룹 총수가 되었지. 그것도 선대로부터 물려받은 것이 아니라 맨주먹으로 시작해서 불과 4년 만에 재벌그룹의 총수가 된 걸세."

"믿겨지지 않을 정도의 초고속 성장이네요."

"1970년대였기에 가능한 일이었지."

"그런 대진그룹에 무슨 일이 생긴 겁니까?"

홍 대리가 궁금증을 참지 못하겠다는 투로 물었다.

"워낙 빠른 속도로 사세를 확장하다보니 어느 순간부터 자금문제가 불거지기 시작했네. 기업인수 자금을 마련하기 위해서 금융권에 진 부채가 눈덩이처럼 불어난 것이 직접적인 원인이 되었지."

"그러면 고속성장에 따른 자금난 때문에 그룹이 도산한 거네요."

"표면적으로는 그렇게 볼 수 있지만 속을 들여다보면 복잡한 사연이 깔려 있다네."

"복잡한 사연이라뇨?"

나 소장은 잠시 숨을 돌리고 나서 말을 이었다.

"초고속 성장을 통해서 10대 재벌그룹의 총수가 된 박성진 회장은 좀 더 원대한 꿈을 꾸기 시작했네."

"원대한 꿈이라면?"

"10년 내에 삼성과 현대를 추월해서 국내 최대의 기업을 만들고, 20년 내에 세계 최대의 기업을 일구겠다는 목표를 세운 걸세."

"어떻게 그런……."

홍 대리의 얼굴에 놀라움이 가득했다.

"박 회장은 그런 목표를 달성하고자 두 가지 야심적인 프로젝트를 구상했네."

"어떤 프로젝트였나요?"

"첫째는 반도체 사업에 진출하는 거였네."

"반도체 사업요?"

"미국과 일본에서 주도하고 있던 반도체 시장에 도전장을 던진 거네. 그것도 삼성보다 3년이나 앞서서."

"그게 성공했나요?"

"준비 단계부터 삐걱거렸지."

"왜요?"

"정부와 금융권에서 브레이크를 걸었기 때문이네."

"이유가 뭔가요?"

"당시만 해도 반도체사업의 전망이 불투명했기 때문이지. 가뜩이나 초고속 성장의 여파로 자금사정이 좋지 않은 대진에서 반도체사업에 막대한 자금을 투자했다가 실패로 돌아갈 경우 후유증이 크다고 판단한 걸세."

1970년대 후반에 이미 반도체사업에 진출할 구상을 했다니. 그 당시 대진그룹의 도전이 성공으로 이어졌다면 우리나라의 경제지도가 달라져 있었을지도 모를 일이었다. 홍 대리는 두근거리는 가슴을 진정하고 질문을 이어갔다.

"박 회장이 추진했던 두 번째 프로젝트는 뭔가요?"

"바로 중계무역이네."

"중계무역이 뭐죠?"

"다른 나라의 물건을 사서 또 다른 나라에 파는 거네. 예를 들면 중국의 물건을 사서 미국에다 수출하는 것이 중계무역이지."

"네? 중국 물건은 중국과 미국 간에 직접 사고파는 거 아닌가요?"

"물론 직접 사고팔 수도 있지만 중국 물건이라고 해서 반드시 중국회사만 수출하라는 법은 없네. 회사가 경상도에 있더라도 전라도에서 만든 물건을 사서 충청도에 팔 수도 있지 않은가."

"대진그룹에서 구상했던 중계무역의 구체적인 내용은 뭔가요?"

"아직 중국이 시장을 개방하지 않았던 당시 상황을 이용해서 중국과 서방세계를 잇는 중계무역을 구상했네."

"그때 당시 우리나라와 중국과의 교역이 자유롭지 않았을 텐데요."

"그래서 홍콩을 거점으로 하는 중계무역에 나섰다네."

"결과는 어땠나요?"

"생각처럼 쉽지가 않았네. 중국시장에 진출하는 데 걸림돌도 많았고. 아무튼 그때 대진그룹의 중계무역 구상이 성공했더라면 우리나라 무역의 역사가 바뀌었을지도 모르네."

"무역의 역사가 바뀌다뇨?"

"그때까지만 해도 수출이라고 하면 우리나라에서 만든 물건을 외국에 내다파는 것으로만 생각했었네. 하지만 중계무역을 활용하면 전 세계의 물건을 전 세계를 상대로 팔 수 있으니 무역의 규모를 무한정 늘릴 수 있는 것 아닌가. 무역강국으로 자리 잡은 네덜란드의 연간수출규모가 영국이나 이탈리아를 앞서게 된 것도 다 중계무역을 활용한 덕분이지. 우리나라가 앞으로 승부를 걸어볼만한 부분이기도 하고."

"어쨌든 승부수를 띄운 반도체사업과 중계무역의 실패가 대진그룹의 몰락으로 이어진 거네요."

"그렇다네. 하지만 역전의 기회가 있었네."

"어떤?"

"대진그룹이 반도체사업에 진출한다는 정보를 입수한 금융권에서 대출관리에 들어감으로써 대진그룹의 자금사정은 악화일로를 겪게 되었네. 궁지에 몰린 박성진 회장은 수개월의 작업 끝에 유럽으로부터의 투자유치에 성공함으로써 일거에 자금문제를 해결할 수 있게 되었다네."

"그런데 왜 망한 거예요?"

"투자유치에 성공한 박 회장이 귀국 도중에 실종되는 사건이 발생했네. 박 회장이 실종되자 투자자들이 손을 떼었고, 결국 대진그룹 전 계열사의 부도로 이어지고 말았지."

"안타깝네요. 그때 박 회장이 실종되지만 않았어도 대진그룹이 재기에 성공했을 텐데요."

"그랬다면 대진그룹 뿐만 아니라 우리나라 전체의 경제적인 위상이 달라졌을 지도 모를 일이지."

"대진그룹이 그 정도로 대단했나요?"

"그야말로 젊은 패기로 똘똘 뭉쳐 있었네. 그때 이미 항공 우주산업이나 첨단 바이오산업에도 진출할 계획을 수립했을 정도니까. 만약 박 회장이 실종되지 않고 재기에 성공했다면 우리나라 최대의 기업은 물론 세계 최대의 기업을 일구겠다던 꿈이 꿈으로만 끝나지 않았을 걸세."

나 소장은 감회가 새로운 듯 지그시 눈을 감았다.

"도대체 박 회장은 왜 실종된 거예요?"

홍 대리가 안타까운 표정으로 물었다.

"박 회장은 귀국 직전에 중계무역의 거점으로 활용하던 홍콩지사에서 문제가 발생했다는 보고를 받았네."

"어떤 문제였나요?"

"D/A 방식으로 실어 내보낸 물건에 대한 결제가 이루어지질 않아서 본사의 자금사정이 최악의 상태에 몰려 있다는 내용이었네."

"잠깐만요. D/A 방식이란 건 뭐예요?"

"무역거래에서 사용하는 결제방식 중의 하나인데 수입자가 물건을 인수하고 나서 일정기간 후에 대금을 지급하는 방식이네."

"수입자의 입장에서 보면 일종의 외상거래가 되겠네요."

"그렇지. 수출자의 입장에서는 대금회수에 대한 보장이 없기 때문에 주로 본사와 지사 간의 거래에 많이 사용하는 방식이지."

"박 회장의 실종과 홍콩지사에서 발생한 문제가 무슨 관련이 있나요?"

"박 회장이 문제를 해결하기 위해서 귀국길에 홍콩을 들렀다가 실종된 걸세."

"행방은 확인하지 못했나요?"

"유감스럽게도. 다만 박 회장이 홍콩이 아니라 베이루트에서 실종됐을 거라는 정황이 포착되었네."

홍 대리는 점점 더 나 소장의 이야기 속으로 빨려들어 가는 것 같았다. 일개 오퍼상으로 시작해서 세계 최대의 기업을 일구려했던 박 회장의 생전 모습이 그려지기도 했다. 그만큼 박 회장 실종에 얽힌 내막이 궁금했다.

"도대체 무슨 일이 일어난 거예요?"

나 소장은 갑자기 말을 멈추더니 홍 대리를 똑바로 쳐다보았다.

"지금부터 하는 얘기는 자네만 알고 있게."

나 소장은 잠시 뜸을 들인 후 입을 열었다.

"박 회장은 홍콩지사에 D/A로 실어 내보낸 물건 중의 상당량이 두바이로 빼돌려진 사실을 확인했네. 그리고 그런 일을 꾸민 사람이 바로 자신의 친구이자 사업파트너인 대진실업의 강병국 사장이라는 것도 알게 되었네."

"왜 강병국 사장이란 양반이 그런 일을 꾸민 거죠?"

홍 대리는 강병국이라는 이름이 한성그룹의 회장 이름과 같다는 생각을 떠올리며 물었다.

"대진그룹의 재기가 힘들다고 판단한 강 사장이 물건을 빼돌린 자금으로 별도의 회사를 세우려고 한 거지."

"그래서 성공했나요?"

"그 강병국 사장이 지금의 한성그룹 강병국 회장과 동일인물이라네."

"그러니까 대진그룹의 돈을 빼돌려 한성그룹이라는 새로운 기업을 탄생시킨 거네요."

"그렇다네."

"소장님께선 그런 내용들을 어떻게 그렇게 속속들이 다 알고 계세요?"

홍 대리는 나 소장이 어떤 연유로 대진그룹의 사업계획은 물론 내부적인 문제까지 꿰뚫고 있는지가 궁금했다.

"당시 박 회장을 최측근에서 모셨던 분으로부터 들은 이야기네."

나 소장은 구체적으로 누구한테 들었다는 것은 밝히지 않았다.

"근데 박 회장이 베이루트에서 실종된 정황이 포착됐다는 건 뭐예요?"

"박 회장은 강 사장이 대진실업의 두바이 지사에서 일했던 현지인과 결탁하여 물건을 두바이로 빼돌린 것을 확인했네. 박 회장은 문제의 현지인이 베이루트에 출장 중인 걸 확인하고 베이루트로 떠났다가 행방불명이 된 거네."

"여태껏 생사조차 확인되지 않았나요?"

"그렇다네. 당시 내전상태에 있던 베이루트의 상황이 워낙 좋지 않아서 확인할 방법이 없었다네."

"안타까운 일이네요."

홍 대리가 한숨을 내쉬었다. 무역으로 사업을 일으켜서 세계 제일의 기업을 꿈꾸었던 박 회장의 위대한 도전이 결정적인 순간에 물거품이 되어버린 것이다. 그때 박 회장이 무사히 귀국해서 재기에 성공했다면 우리나라의 경제상황이 지금과는 또 다른 모습을 하고 있을지도 모르는 일이었다. 한 사람의 천재가 세상을 바꿀 수도 있지 않은가.

홍 대리는 작별인사를 하고 자리에서 일어섰다. 돌아오는 내내 홍 대리의 머릿속에는 박성진 회장에 대한 생각이 떠나지 않았다. 박 회장 실종에 대한 안타까움은 실종의 원인을 제공한 강병국 당시 대진실업 사장에 대한 원망으로 이어졌다.

그 강병국 사장이 현재 한성그룹의 회장이고, 미래전자의 경쟁업체인 제이테크의 허준표 사장이 강 회장의 사위인 것이다. 게다가 허준표 사장이 한때 현주가 사귀었던 사람이라니. 홍 대리의 머릿속이 점점 더 복잡해졌다.

끝없는 미로(迷路)

다음 날 아침 홍 대리는 출근하자마자 이메일을 체크했다. 해리스전자에서 보낸 오더내역서가 이미 도착해 있었다. 첫 오더치고는 적지 않은 양이었다. 홍 대리는 오더내역서의 내용을 꼼꼼히 살핀 후 proforma invoice를 작성해 발송했다.

해리스전자로부터 첫 오더를 받았다는 소문은 금세 미래전자 전 직원들에게 알려졌다. 회사의 경영난 때문에 의기소침했던 직원들의 얼굴에는 오랜만에 화색이 돌았다. 오더 한 건을 받았다고 해서 회사의 사정이 갑자기 좋아지는 것은 아니지만, 미국시장에 진출한다는 사실만으로도 대단한 뉴스가 아닐 수 없었다.

"일회성 오더로 끝나는 건 아닌가?"

최 전무의 반응은 여느 때처럼 시큰둥했다.

"일회성 오더라뇨?"

이 부장이 반문했다.

"주문자상표의 거래라면 언제라도 거래처를 바꿀 수 있는 것 아닌가. 이전 공급자가 문제가 생겨서 급하게 우리에게 주문을 한 것 같은데 일단 시간을 벌어 놓고 다른 공급처를 물색하려는 꿍꿍이 속셈인지도 모른단 말일세."

"이번 오더를 잘 소화해 내면 지속적인 오더로 연결되지 않을까요?"

이 부장이 조심스럽게 말했다.

"그렇게 되면 좋겠지만 왠지 느낌이 좋질 않아. 무엇보다 이전 공급자가 중국 업체였다는 것이 마음에 걸리네. 중국 제품과 우리 제품과는 가격 차이가 많이 날 텐데 해리스전자에서 무슨 수로 우리 제품에다 중국 제품에 붙였던 상표를 붙여서 팔겠다는 건지……."

최 전무는 여전히 미심쩍어했다.

"홍 대리, 축하해."

방진영 대리가 손을 내밀며 말했다.

"미국시장에 진출하게 됐다며."

"저도 축하드려요."

어느 틈에 임정아 주임이 합세했다.

"축하는 무슨. 이제 시작에 불과한데."

홍 대리의 표정은 밝지 않았다. 해리스전자로부터 오더를 받았다고는 하지만 제이테크를 따라잡으려면 갈 길이 멀었다. 자체브랜드로 미국시장을 개척한 제이테크에 비하면 보잘것없는 성과에 불과했다. 주문자상표 방식의 특성상 언제 중단될지도 모르는 불안한 출발이었다.

"천릿길도 한 걸음부터라고 하잖아. 아무튼 홍 대리가 해외영업 쪽에는 소질이 있는 것 같아."

"국내영업에는 별 볼일 없다는 뜻으로 들리는데."

홍 대리가 받아쳤다.

"국내영업에는 방진영이라는 거목이 자리 잡고 있잖아."

방 대리가 말하고 나서 껄껄대며 웃었다.

"하여간 방 대리님은……"

임 주임이 밝은 표정으로 따라 웃었다.

제이테크의 허준표 사장은 불편한 심기를 감추지 않았다.

"도대체 해리스전자의 저의가 뭡니까?"

변종수 상무는 말없이 애꿎은 파일만 뒤적거렸다.

"아무리 급하다고 해도 하필이면 미래전자하고 손을 잡을 게 뭡니까? 그리고 일이 이렇게 되기까지 우리 쪽에선 뭘 했단 말입니까?"

허 사장은 '우리'라는 표현을 사용했지만 변 상무는 자신을 겨냥한 추궁임을 직감했다.

"워낙 갑작스런 결정이라……."

변 상무의 말꼬리가 내려갔다.

"미래전자에서 해리스전자와 접촉 중이라는 사실은 지난번에 이미 확인하지 않았습니까? 그때 손을 썼어야 하는 것 아닙니까?"

허 사장이 따지듯이 말했다. 변 상무는 난감한 표정을 지었다. 독점계약을 체결하지 않은 이상 상대방이 다른 업체와 거래를 트는 것을 막을 명분이 없었다. 해리스전자는 원래 다수의 공급처로부터 다양한 상품을 수입해 파는 것을 강점으로 내세우는 회사였다. 주문자상표가 아니라 미래전자 브랜드를 취급한다고 해도 이상할 것이 없었다. 그런 상황을 모를 리 없는 허 사장이 공연한 트집을 잡고 있는 것이다.

"너무 심각하게 받아들일 필요는 없습니다."

변 상무가 차분한 목소리로 말했다.

"무슨 말씀이세요?"

허 사장이 변 상무를 쳐다봤다.

"주문자상표 방식의 거래는 언제라도 공급처가 바뀔 수 있습니다. 해리스전자에서 급한 상황에서 미래전자에 SOS를

친 것은 사실이지만, 주문자상표 방식의 특성상 지속적인 거래로 이어진다는 보장이 없습니다."

"반대로, 주문자상표 방식의 거래를 통해서 신뢰가 쌓이면 자체브랜드 방식으로 발전할 수도 있는 것 아닙니까?"

허 사장의 표정은 여전히 어두웠다.

"그런 일이 안 생기도록 손을 써야지요."

"어떻게요?"

"일단 제게 맡겨주십시오."

변 상무가 비장한 표정으로 말했다.

해리스전자의 오더는 초고속으로 진행되었다. proforma invoice를 보내자마자 신용장이 개설되었고, 미래전자의 핵심생산라인을 풀가동해서 최우선적으로 해리스전자의 오더를 생산토록 했다.

기존에 중국에서 생산하던 제품과 동일한 모델을 생산하려면 상당한 준비기간이 필요하다는 문제에 직면한 해리스전자에서는 미래전자에서 생산하는 모델 중에 하나를 골라 브랜드만 바꿔서 시장에 내놓기로 했다.

미래전자로서는 기존의 생산라인을 그대로 사용함으로써 시간을 절약할 수 있었고, 해리스전자에서는 신 모델을 출시한다는 구실로 가격을 올림으로써 급작스런 공급처 변경에서 오는 문제점을 최소화했다.

미래전자와의 첫 거래에 만족한 해리스전자에서는 2차 오더를 위한 협상을 서둘렀다. 해리스전자로부터의 2차 주문이 임박했다는 소식은 미래전자의 사내 분위기를 급격히 끌어올렸다. 이제 본격적으로 미국시장에 진출하게 되었다는 안도감이 직원들 사이에 확산되었다.

"수고가 많았네."

이 부장이 홍 대리의 어깨를 두드렸다.

"이제 시작인 걸요."

홍 대리가 겸손한 표정을 지었다.

"솔직히 이렇게 빨리 미국시장에 진출하게 되리라곤 예상하지 못했네."

"아직 안심하기에는 이릅니다."

"그건 또 무슨 소린가?"

"주문자상표 방식의 거래라는 것이 언제 중단될지 모르잖아요."

"비록 해리스전자의 상표를 달고 있지만 실제로는 우리 고유의 모델이지 않은가. 해리스전자의 입장에서도 한 번 시장에 선보인 모델을 쉽사리 바꿀 수는 없을 텐데."

"꼭 그렇지도 않습니다."

"그렇지가 않다니?"

"지난 번 뉴욕 출장길에 현지 스토어에 들렀었는데 우리나라와는 다른 점이 많더라고요. 모델도 다양하고 모델의 교체주기도 빠른 것 같았어요. 기존모델이라도 상황에 따라서 언제라도 퇴출당할 수 있는 분위기였어요."

"아무튼 해리스전자와의 2차 오더 협상이 조속히 타결될 수 있도록 만전을 기하게. 미래전자의 미래가 달려 있다고 생각하고."

"최선을 다하겠습니다."

"참, 이제 본격적으로 미국시장에 진출하려면 업무량이 늘어나지 않겠나. 자네 혼자 감당하기가 힘들 테니 정식으로 해외영업팀 신설을 건의해 보겠네."

"그건 잠시 보류해 주십시오."

"보류하라니?"

"당분간은 저 혼자 해보겠습니다. 해외영업팀을 신설하는 건 해리스전자와의 거래가 본격화 된 다음에 해도 늦지 않을 것 같습니다."

"그럼, 그 문제는 나중에 다시 검토해 보기로 하세."

이 부장이 밝은 목소리로 말했다.

모두의 예상과는 달리 해리스전자와의 2차 오더 협상은 지지부진했다. 금방이라도 오더를 할 것 같았던 해리스전자의 적극적인 태도는 눈에 띄게 수그러들었다. 대량주문에 따른 가격인하 요청을 최대한 받아들였음에도 불구하고 오더확정은 차일피일 미뤄지기만 했다. 생산라인을 비워놓고 오더가 확정되기만 기다리던 공장에서는 조바심을 내기 시작했다.

마음이 급해진 홍 대리는 마이클에게 회사의 상황을 솔직하게 털어놓고 오더가 지연되는 진짜 이유가 무엇인지를 물어보았다. 침묵을 지키던 마이클은 며칠이 지나서야 답장을 보내왔다. 거기에는 현재 다른 업체와의 오더 협상이 진행중이라는 놀라운 사실이 적혀있었다.

2차 주문을 받을 것을 확신하고 있던 홍 대리로서는 엄청난 충격이었다. 해리스전자에서 다른 업체와 협상을 벌이고 있다는 것은 미래전자와의 거래를 중단할 수도 있다는 뜻이었다. 단순히 오더 확정이 지연되는 줄로만 알고 있었던 홍 대리로서는 전혀 예기치 못한 상황이 아닐 수 없었다.

도대체 해리스전자와 협상에 나선 업체는 누구이며 지금 시점에서 해리스전자가 다른 업체와 오더 협상에 나선 이유는 뭐란 말인가. 홍 대리는 도무지 감을 잡을 수가 없었다.

"해리스전자 건이 어떻게 돌아가는 거야?"

방 대리가 근심스런 표정으로 물었다. 회사 내에서 거는 기대가 컸던 만큼 해리스전자와의 진행상황은 전 직원의 관심사로 떠오르고 있었다.

"시간 있으면 커피나 한 잔 하자고."

홍 대리가 앞장서서 자판기 쪽으로 향했다.

"느낌이 좋질 않아."

방 대리가 자판기에서 종이컵을 꺼내는 걸 기다렸다가 홍 대리가 입을 열었다.

"무슨 소리야?"

방 대리가 목소리를 높였다. 홍 대리는 잠시 머뭇거리다가 해리스전자가 다른 업체와 오더 협상에 나섰다는 사실을 털어놓았다.

"혹시 제이테크에서 수를 쓰고 있는 건 아닐까?"

방 대리의 표정이 어두워졌다.

"수를 쓰다니?"

홍 대리가 되물었다.

"충분히 그럴만한 사람들이잖아. 국내 시장에서 하는 걸 보면 해리스전자가 우리랑 거래하는 걸 가만히 지켜볼 리가 없어."

"그렇다고 이미 자체브랜드로 수출하고 있는 마당에 주문자상표 거래까지 눈독을 들인단 말이야?"

"제이테크라면 그러고도 남을 거야. 허준표 사장이란 인물이 대단한 야심가라는 소문이 자자해. 참, 허 사장이 홍 대리와 대학 동문이던데. 나이도 비슷하고. 혹시 학교 다닐 때 알던 사이 아니야?"

방 대리가 자신의 정보력을 자랑이라도 하듯이 허준표 사장에 관한 개인정보를 늘어놓았다.

"난 모르는 사람이야."

홍 대리가 시치미를 뗐다.

4장 마지막 승부

끝나지 않은 전쟁

“처음 뵙겠습니다.”

변종수 상무가 예의를 갖추어 명함을 건넸다.

“최만호입니다.”

최 전무는 명함을 테이블 위에 올려놓고 변 상무와 시선을 맞추었다.

“절 만나자고 하신 이유가……”

최 전무가 단도직입적으로 물었다.

“혹시 저희와 함께 일해보실 의향이 있으신가 해서요.”

“네?”

최 전무는 자신의 귀를 의심했다. 경쟁사의 핵심중역인 자신에게 함께 일하자니. 상식적으로 도저히 이해가 되지 않는 얘기였다.

"실은 허준표 사장님의 지시로 최 전무님을 뵙자고 했습니다."

변 상무는 최 전무의 반응에는 아랑곳하지 않고 말을 이었다.

"저희 사장님께서 전무님과 함께 일하고 싶어 하십니다."

"함께 일하다뇨?"

"미래전자를 인수했으면 합니다."

"뭐라고요?"

최 전무가 정색을 했다.

"시간이 갈수록 미래전자의 가치는 계속 추락할 것이 뻔합니다."

"무슨 말씀이세요?"

최 전무가 어이가 없다는 표정을 지었다.

"국내외 시장을 막론하고 미래전자가 제이테크를 따라잡을 가능성은 희박합니다. 그나마 미래전자의 가치를 조금이라도 인정받을 수 있을 때 회사를 처분하는 것이……."

"무슨 근거로 그런 말씀을 하시는지 모르겠습니다."

최 전무가 변 상무의 말을 잘랐다.

"그동안 제이테크의 해외시장 진출을 무기로 내세우는 마케팅 전략에 밀려서 국내시장에서 고전한 건 인정합니다. 하지만 이제 상황이 바뀌고 있습니다. 우리가 미국시장에 성공적으로 진출한 걸 변 상무께서도 알고 계실 텐데요."

"미국시장 진출에 성공했다고요?"

변 상무가 야릇한 표정을 지었다.

"그럼요."

최 전무가 단호한 어조로 말했다.

"단 한 번, 그것도 주문자상표로 선적한 걸 가지고 성공했다고 할 수 있습니까?"

"한 번이 아니에요. 조만간 2차 주문이 들어오기로 되어 있습니다."

"유감스럽게도 해리스전자의 2차 주문은 없을 겁니다."

"그걸 어떻게?"

"제이테크에서 기존의 자체브랜드 수출과는 별도로 주문자상표 방식의 거래를 병행할 거니까요."

"그게 사실입니까?"

"사실입니다. 더 이상 미래전자에서 해리스전자의 오더를 받을 일은 없을 겁니다. 저희가 해리스 측에 미래전자에서는 감히 생각할 수도 없는 파격적인 조건을 제시했거든요."

"파격적인 조건이라뇨?"

"그건 차츰 말씀드리기로 하고요. 어쨌든 미래전자의 미국시장 진출 시도가 실패로 끝난 것만큼은 확실합니다. 그러니 이제 그만 제이테크와 경쟁하겠다는 생각을 버리고 실속을 챙기라는 겁니다."

최 전무는 입을 굳게 다물고 변 상무의 발언을 곰곰이 되새겨 보았다. 변 상무의 말이 사실이라면 해리스전자의 마음이 돌아섰을 가능성이 높아 보였다. 해리스전자의 오더가 끊기면 미국시장 진출의 꿈은 물거품이 될 수밖에 없었다. 미국시장 진출에 마지막 희망을 걸었던 미래전자의 앞날은 어떻게 될 것인가?

"사장님께선 미래전자를 인수하더라도 별도의 법인으로 존속시키고 독립적인 경영을 허용할 생각입니다. 그걸 전무님께서 맡아주셨으면 하는 겁니다."

변 상무가 차분한 어조로 말했다.

"대체 허 사장이 미래전자를 인수하려는 이유가 뭡니까?"

최 전무가 정색을 하고 물었다. 변 상무는 대답 대신 야릇한 미소를 지어보였다. 허준표 사장이 한성그룹의 후계자 자리를 노리고 있다는 것은 업계에 널리 알려진 사실이었다. 제이테크에서 미래전자를 비롯한 경쟁업체들을 인수하려는 것도 한성그룹의 후계구도와 무관치 않았다. 허 사장은 자신의 경영능력을 과시함으로써 후계자 선정에서 유리한 고지를 점령할 수 있다고 믿고 있었다.

변종수 상무와 헤어진 최 전무는 머리를 식힐 겸 한강 쪽으로 차를 몰았다. 오랜만에 찾은 한강공원에는 강바람이 시원하게 불고 있었다. 최 전무는 무심히 흘러가는 강줄기를 바라보며 깊은 생각에 잠겼다. 회사는 물론 개인적으로도 일생일대의 중요한 결정을 내려야 하는 순간이었다.

어차피 회사가 살아날 가능성이 없다면 이쯤에서 포기하고 개인적인 실속이나 차리는 것이 나을지도 몰랐다. 제이테크의 제안대로라면 새로운 법인의 대표로서 계속 일할 수 있는 기회가 보장되어 있었다.

창업자가 갑작스레 세상을 떠난 후 젊은 나이에 회사를 물려받은 김일도 사장은 미래전자의 실질적인 경영을 자신에게 떠맡기다시피 했다. 하지만 대외적으로는 엄연히 김일도 사장이 회사의 대표고 자신은 2인자에 불과했다. 지금 제이테크의 허준표 사장과 손을 잡는다면 비록 미래전자의 간판은 사라질지 몰라도 새로운 법인의 1인자가 될 수 있는 기회가 열려 있었다. 최 전무는 깊은 고민에 빠져들었다.

홍 대리는 까닭 모를 불안감에 휩싸였다. 해리스전자가 다른 업체와 협상 중이라는 사실을 알고부터 불안감이 커지기 시작했다. 행여 나쁜 소식이라도 있을까봐 메일함을 열 때마다 가슴이 두근거리기까지 했다. 요 며칠 새 최 전무가 닦달을 하지 않는 것이 홍 대리를 더욱 불안하게 했다. 매일 아침

마다 이 부장을 통해서 해리스전자의 오더를 체크하던 최 전무가 갑자기 조용해진 것이다.

지금 회사의 분위기로는 해리스전자와의 제휴가 무산될 경우 자신은 물론 이 부장의 책임문제가 크게 대두될 것이 확실했다. 처음부터 해외시장 진출을 탐탁지 않게 여겼던 최 전무가 회사의 상황이 악화된 책임을 이 부장에게 떠넘길 가능성이 높았다.

그동안 자신을 믿고 격려와 지원을 아끼지 않았던 이 부장이 곤란한 입장에 놓일 수 있다고 생각하니 마음이 무거웠다. 책임문제를 떠나 해리스전자로부터 2차 오더를 받는 데 실패할 경우 최악의 상황에 직면할 지도 모를 일이었다. 홍 대리의 불안감은 좀처럼 사그라지지 않았다.

불안감을 없애기 위해서는 정확한 사실을 확인하는 것이 급선무였다. 하지만 해리스전자를 접촉해서 사실을 확인하는 데는 한계가 있었다. 묘안을 궁리하던 홍 대리는 뉴욕에서 만났던 제니를 떠올렸다. 마이클과의 미팅을 주선해줄 정도로 해리스전자와의 연결고리가 탄탄해 보였다.

홍 대리는 메일을 보내려다가 직접 전화를 해서 부탁을 하기로 마음을 바꿨다. 현지시간을 확인해서 한가할만한 시간에 전화를 했더니 바로 연결이 되었다.

"혹시 기억하실지 모르겠습니다만……."

홍 대리는 마땅히 자기를 소개할 말이 생각나지 않았다.

"누구세요?"

제니가 물었다.

"홍석진입니다."

잠시 침묵이 흘렀다. 갑자기 전화를 받아서인지 제니는 홍 대리의 이름을 바로 기억해 내지 못하는 것 같았다. 한참 후에야 제니가 아는 척을 했다.

"아! 미래전자의 홍 대리님. 난 또 누구시라고. 그래 어쩐 일이세요? 그간 잘 지내셨죠? 참 여기 수지, 아니 현주도 와 있는데."

제니는 속사포처럼 말을 쏟아냈다.

"현주가 거기 있어요?"

홍 대리가 되물었다.

"예. 본사에서 열리는 특파원 교육프로그램에 참가하러 왔대요. 오늘 저녁에 같이 식사하기로 했는데. 그나저나 무슨 일로 전화하신 거예요?"

홍 대리는 그간의 해리스전자와의 진행사항을 간단하게 설명하고 해리스전자의 의도가 뭔지를 몰라 애를 먹고 있다는 얘기를 늘어놓았다.

"그러니까 저더러 해리스전자의 속마음을 확인해 달라는 거네요."

"부탁합니다. 저희에겐 상당히 중요한 문제라."

"한번 알아볼게요. 해리스전자의 결정을 바꿀 수는 없지만 어떤 결정을 왜 내렸는지 정도는 확인할 수 있을 거예요."

"그럼 제니 씨만 믿겠습니다."

홍 대리는 안도의 한숨을 내쉬며 전화를 끊었다.

홍 대리는 현주를 기다리는 동안 초조한 마음을 감출 수가 없었다. 제니가 확인한 해리스전자 관련 정보를 현주를 통해서 전해 듣기로 한 것이다. 오랜만에 현주 얼굴을 보게 되었다는 사실 못지않게 현주의 입을 통해서 해리스전자의 속마음을 확인하게 되었다는 사실이 홍 대리를 사뭇 긴장시켰다.

"오랜만이네."

현주가 자리에 앉으며 말했다.

"바쁠 텐데 시간을 내줘서 고마워."

"제니가 직접 전해주라고 해서……."

현주는 잠시 숨을 고른 후 말을 이었다.

"해리스전자에서 제이테크와 손을 잡을 모양이야."

"제이테크와 손을 잡다니. 원래부터 두 회사는 거래를 하고 있었잖아."

"그동안엔 제이테크 자체브랜드로만 물건을 공급했는데 앞으로는 주문자상표 방식의 거래도 병행할 가능성이 높다는 거야."

"그게 무슨 소리야?"

홍 대리의 목소리가 커졌다. 그만큼 놀라운 사실이었다. 마이클로부터 다른 회사와 협상 중이라는 소식을 들었지만 그 상대가 제이테크일 줄은 전혀 예상하지 못했었다. 이미 자체브랜드로 물건을 공급하고 있는 제이테크에서 무엇이 아쉬워서 주문자상표 방식의 거래까지 손을 댄단 말인가.

"제이테크에서 특별한 제안을 했대."

"특별한 제안이라니?"

"원래 해리스전자에 주문자방식으로 공급하던 중국 공장을 인수해서 물건을 공급하기로 했대. 해리스전자 측에서는 기존 모델을 그대로 유지할 수 있게 돼서 다행이라고 생각하나 봐."

"제이테크에서 중국 공장까지 인수해 가면서 주문자상표 방식의 거래에 집착하는 이유가 뭘까?"

홍 대리가 혼잣말처럼 되뇌었다.

"해리스전자 측에서도 그걸 이상하게 생각하는 모양이야. 중국 공장이 워낙 대내외적으로 복잡한 문제가 얽혀서 인수자를 찾기 힘든 상황이었대. 그런 공장을 인수하면서까지 주문자상표 방식의 거래에 뛰어들려는 이유가 석연치 않나 봐. 아무튼 해리스전자 입장에서는 손해 보는 장사가 아니니까 제이테크의 제안을 거부할 이유가 없다는 거야."

"설사 제이테크에서 그런 제안을 했다고 해도 공장을 정상화시켜서 물건을 공급하려면 시간이 걸릴 텐데, 우리와의 오더 협상을 중단한 이유가 뭐래?"

"그건 제이테크에서 요청한 거래."

"제이테크에서?"

홍 대리가 반문했다.

"중국 공장을 인수해서 기존 모델을 공급하는 대신 미래전자와의 거래를 즉각 중단하라는 요구조건을 내세웠대."

"그럼 미래전자의 미국진출을 막으려고 중국 공장까지 인수하려 한다는 거야?"

"그런 셈이야."

"그렇다고 우리와 이미 시작한 거래를 단 한 번으로 끝낸단 말이야?"

홍 대리는 마치 현주가 해리스전자 사람이라도 되는 양 곤란한 질문을 퍼부었다. 그만큼 해리스전자에 대한 배신감이 컸다.

"해리스전자에서 미래전자와의 거래를 꺼리는 것은 제이테크의 요청 때문만은 아닌 것 같아."

"그건 또 무슨 소리야?"

"해리스전자에선 신 모델이 출시되면 소비자들의 반응을

체크해서 후속오더를 결정한대. 불행히도 미래전자 제품에 대한 소비자들의 반응이 별로였나 봐. 그래서 재 오더 여부를 고민하고 있던 차에 제이테크의 제안을 받게 된 거래."

현주의 얘기를 듣고 보니 그동안 해리스전자에서 보여준 태도가 이해가 되는 것 같았다. 금방이라도 2차 오더를 할 것 같다가 어느 순간부터 미적지근한 태도로 돌변한 데는 새로운 모델에 대한 소비자들의 신통치 않은 반응이 결정적인 영향을 미친 것이다.

해리스전자에서 선택한 모델은 미래전자의 주력모델 중의 하나로 오랫동안 국내시장에서 검증받은 모델이었다. 아무리 미국 소비자들의 취향이 다르다고 해도 재 오더를 포기할 정도로 형편없는 모델은 결코 아니었다.

"해리스전자 측에서도 예상 외의 반응이라며 의아해 하고 있대."

"예상 외의 반응이라…… 누군가 소비자들의 반응을 왜곡했을 수도 있겠군."

홍 대리가 무언가 집히는 데가 있다는 투로 말했다.

"제이테크를 의심하는 거야?"

현주의 목소리가 가볍게 떨렸다.

"그냥 그럴 수도 있다는 거야."

홍 대리의 말투가 퉁명스럽게 들렸다. 둘 사이에 잠시 어색한 침묵이 흘렀다. 현주가 침묵을 깼다.

“선배가 잘 됐으면 좋겠어.”

“…….”

“해리스전자 건은 내가 미안해.”

“무슨 소리야?”

“내가 부추겼잖아. 쳐들어 가보라고.”

“그런 소리 마. 너 아니었으면 아마 오래 전에 주저앉았을 거야. 그래도 네 덕분에 여기까지 올 수 있었고, 아직 끝난 게 아니야.”

홍 대리가 결연한 표정을 지었다.

“제이테크의 의도를 안 이상 여기서 물러나지 않을 거야.”

“…….”

“절대로.”

홍 대리가 주먹을 불끈 쥐었다.

또 하나의 카드

어느새 땀방울이 온몸을 적시고 있었다. 홍 대리는 어둠이 내린 한강 길을 쉬지 않고 달렸다. 생각이 복잡할 때마다 달리는 길이었다. 오늘따라 달리는 사람들이 많아서 길을 헤쳐 나가기가 쉽지 않았다. 그런데도 홍 대리는 평소보다 조금 더 속력을 냈다. 그래야 생각을 정리하기가 쉬웠다.

제이테크에서는 미래전자의 미국 진출을 막기 위해서 수단과 방법을 가리지 않고 있었다. 이대로 가다간 미국 진출의 꿈은 사라지고, 미래전자의 앞날은 막다른 상황으로 치달을 것이다. 다른 상대도 아니고 허준표 사장이 이끄는 제이테크와의 싸움에서는 반드시 이기고 싶었다. 허준표 사장이 한때 현주가 사귀던 사람이고, 허 사장의 장인이 한성그룹의 회장이라는 사실이 홍 대리의 승부욕을 자극했다.

하지만 미래전자가 제이테크와의 무역전쟁에서 승리할 가능성은 희박했다. 제이테크와 겨루기에는 미래전자는 모든 면에서 힘이 달렸다. 무역업무만 해도 미래전자에서는 홍 대리 혼자서 고군분투하는 반면에 제이테크에는 변종수 상무를 비롯해서 무역의 베테랑들이 즐비했다.

애당초 혼자 힘으로 제이테크의 내로라하는 무역고수들과 대적한다는 것이 무리였는지도 몰랐다. 그렇지만 홍 대리에게는 나승환 소장이 있었다. 나 소장의 도움이 없었다면 여기까지 오지도 못했을 것이다. 홍 대리의 마음은 어느새 가평으로 향하고 있었다.

"무리수를 두고 있구먼."

홍 대리로부터 자초지종을 전해들은 나 소장이 말했다.

"욕심이 지나치면 화를 부르는 법일세. 제이테크에서 중국공장을 인수하면서까지 미래전자의 미국 진출을 막으려하는 건 악수가 될 가능성이 높네."

"문제는 지금 당장 저희 회사의 생존이 위태롭다는 겁니다. 해리스전자로부터 오더가 끊겨서 타격이 큽니다. 직원들의 사기도 말이 아니고요."

"어쩌면 제이테크에서 노리는 것이 그런 건지도 모르네."

"그런 걸 노리다뇨?"

"실제로는 중국 공장을 인수할 의사가 없으면서 미래전자를 견제하기 위해서 수를 쓴 건지도 모른다는 거지."

"어쨌든 저희로서는 지금 당장 해리스전자의 2차 오더를 받아야만 살아남을 수 있는 상황입니다."

"지금 나더러 상황을 역전시킬 비법을 알려달라는 건가?"

나 소장이 정곡을 찔렀다. 홍 대리가 대답을 못하자 잠시 뜸을 들인 후에 나 소장이 말했다.

"우선 해리스전자의 마음을 읽어야 하네."

"마음을 읽다뇨?"

"상대방의 입장에서 생각해 보라는 걸세. 지금 해리스전자 입장에서 가장 중요하게 생각하는 것이 무엇이겠나?"

"……."

"오랫동안 주문자상표 방식으로 물건을 공급하던 중국 공장이 갑자기 문을 닫았네. 급한 마음에 미래전자에 오더를 하긴 했지만 문제가 완전히 해결된 것은 아니란 말이지. 중국 공장에서 생산하던 모델을 포기하고 새로운 모델을 시장에 정착시킨다는 것이 쉬운 일이 아니야. 게다가 가격경쟁력면에서 중국 공장을 따라갈 수 없는 미래전자와의 거래를 지속한다는 것이 부담스러운 상황이었을 걸세. 제이테크의 제안은 이런 문제들을 일거에 해결할 수 있는 묘수였던 거지.

그야말로 해리스전자의 마음을 꿰뚫어 본 걸세."

나 소장은 홍 대리의 눈치를 한 번 살핀 후 말을 이었다.

"미래전자의 입장에서 현재 상황을 완벽하게 역전시킬 방법은 없네. 차선책을 강구해 봐야지."

"차선책이라면?"

"어차피 미래전자의 입장에서 제이테크처럼 중국 공장을 인수할 수는 없는 노릇 아닌가. 그렇다고 국내에서 물건을 만들어 가지고서는 가격경쟁력 면에서 제이테크의 적수가 될 수 없네. 결국 해외 공장을 인수하지 않고서도 해외에서 물건을 만들 수 있는 방법을 강구해 봐야지."

"그런 방법이 있나요?"

"있다 뿐인가. 이미 많은 업체에서 활용하고 있는 방법이라네."

"그게 뭔가요?"

"바로 위탁가공무역이라네."

"위탁가공무역이 뭐예요?"

"말 그대로 가공을 위탁하는 거지. 제품기획 능력도 있고 제조노하우도 있는데 인건비가 비싸서 국내에서 물건을 만들 수 없을 때 인건비가 싼 나라의 공장에 가공을 위탁함으로써 가격경쟁력을 높이는 방법이네."

"좀 더 구체적으로 설명해 주세요."

"예를 들어 옷을 만든다고 가정하면 옷을 만드는 데 필요한 모든 원부자재와 디자인까지 공장에 보내주고, 옷감을 재단하고 재봉하는 것과 같은 단순가공작업을 맡기는 거네."

"그런 식으로 만들어진 물건은 어떻게 하나요?"

"완성품을 우리나라에 싣고 들여와서 국내시장에서 팔아도 되고, 현지에서 바로 제3국으로 수출할 수도 있다네."

"위탁가공무역 방식을 활용하면 인건비를 절약하면서도 제품을 기획하고 관리하는 건 수출자가 총괄하니까 바이어의 입장에서 나쁠 게 없겠네요."

"위탁가공무역 방식이야말로 잘만 활용하면 수출자, 생산공장, 바이어 모두가 윈윈할 수 있는 좋은 방법이지."

"하지만 현지공장을 인수해서 직접 관리하는 것이 가격경쟁력 면에서 좀 더 유리하지 않나요?"

"그건 단정할 수 없네. 위탁가공무역 방식을 잘만 활용하면 현지공장을 인수하는 것보다 오히려 경쟁력을 높일 수도 있다네."

"어떻게요?"

"위탁가공무역 방식이란 결국 인건비가 싼 나라의 공장을 수출자의 공장처럼 활용하는 방식이네. 원부자재 조달에서부터 완제품 수출에 이르기까지의 전 과정을 수출자가 주도하게 되니까 큰 틀에서 보면 간접적으로 현지공장을 운영하는 것과 다를 바 없지. 원부자재를 효과적으로 조달하고 좀 더 유리한 조건으로 위탁가공계약을 이끌어낸다면 어설프게 현지공장을 직접 운영하는 것보다 오히려 유리할 수도 있단 말일세."

"해리스전자와의 거래에도 적용할 수 있을까요?"

"그럼. 미래전자의 원자재 조달능력과 제조노하우를 살리고 경쟁력 있는 현지 공장을 발굴해서 힘을 합칠 수만 있다면 얼마든지 제이테크와 겨뤄볼 수가 있을 걸세."

"하지만 시간적으로 불리하지 않나요? 제이테크에선 이미 중국 공장 인수 작업에 착수한 것 같은데."

"공장을 인수하는 게 그렇게 쉽게 결론이 나겠나. 게다가 해리스전자에서 거래하던 중국 공장이 문제가 많았다고 하지 않았나? 위탁가공계약이야 공장만 찾아내면 당장에라도 가능하니까 시간적으로는 오히려 유리하다고 봐야지."

"그럼 일단 해리스전자에 위탁가공무역 방식의 거래를 제안해 놓고 공장을 물색해 봐도 될까요?"

"좋은 생각이네. 어차피 제이테크에서 아직 중국 공장을 인수한 게 아니니까 해리스전자 측에 대안이 있다는 걸 알려줄 필요가 있네. 그리고 이왕 제안서를 작성하려면 위탁가공계약을 어떤 식으로 체결하고 원부자재를 어떻게 조달할 것인지에 대해서 구체적인 안을 제시해 보도록 하게. 해리스전자에서 위탁가공무역 방식에 대한 믿음을 가질 수 있도록 말일세."

"말씀대로 제안서를 준비해 보겠습니다."

홍 대리는 비로소 한시름을 놓았다는 표정을 지었다. 현주 앞에서는 아직 제이테크와의 싸움이 끝난 것이 아니라고 큰소리를 쳤지만 마땅한 대안을 찾지 못해서 막막하기만 했었다. 나 소장의 조언이 없었더라면 더 이상 제이테크와 경쟁할 엄두를 내지 못했을 것이다.

홍 대리는 사무실에 돌아오자마자 해리스전자에 보낼 제안서를 작성했다. 이미 거래를 튼 바이어를 상대로 새로운 제안서를 작성한다는 것이 이상했지만, 어차피 시시각각 상황이 변하는 것이 비즈니스의 세계였다. 한 번 거래를 텄다고 영원히 지속되리라는 법도 없고, 거래관계가 끝난 것 같다가도 어느 순간 역전의 기회가 찾아오기도 하는 것이다.

홍 대리는 나 소장의 조언을 바탕으로 위탁가공무역 방식의 거래를 통해서 가격경쟁력도 높이고 제품의 품질관리에도 만전을 기할 수 있다는 점을 부각시켰다. 뿐만 아니라 원부자재의 조달방법과 위탁가공계약 체결을 위한 구체적인 방안을 포함시키고, 기존의 중국 업체에서 생산했던 모델을 살릴 수 있는 가능성에 대해서도 언급했다.

홍 대리는 완성된 제안서 파일을 이메일에 첨부해서 마이클 앞으로 발송했다. 제안서가 받아들여진다는 보장은 없었지만 일단 대안을 제시했다고 생각하니 한결 마음이 홀가분해졌다.

"홍 대리, 전무님이 찾으시네."

이리저리 가공 공장을 물색하느라 바쁜 홍 대리에게 이 부장이 말했다.

"저를요?"

"나랑 같이 방으로 오라시네."

최 전무가 이 부장과 홍 대리를 동시에 호출하는 경우는 거의 없었다. 지난 번 미국출장 건으로 최 전무를 독대한 적은 있으나 모든 지시사항은 이 부장을 통해서 내려지는 게 불문율이었다. 그런데 왜 갑자기 이 부장과 함께 보자고 하는 걸까? 홍 대리는 내심 불안했다. 해리스전자에 새로운 제안서를 보낸 사실을 아직 이 부장에게조차 보고하지 않았던 것이다. 해리스전자에서 긍정적인 회신이 오면 보고하려던 참이었다.

"자리에 앉게."

최 전무가 굳은 표정으로 말했다.

"해리스전자의 2차 오더 건은 어떻게 됐나?"

두 사람이 자리에 앉자마자 최 전무가 물었다.

"그게……"

이 부장이 난감한 표정을 지었다.

"아직 진행 중입니다. 해리스전자에서 내부적으로 결론을 내리는 데 좀 더 시간이 필요한 모양입니다."

최 전무는 이 부장의 답변이 만족스럽지 않다는 표정을 지었다.

"홍 대리, 자네는 어떻게 생각하나?"

최 전무의 시선이 홍 대리에게로 향했다.

"사실은……"

홍 대리는 잠시 머뭇거리다 그간의 진행상황과 새로운 제안서를 해리스전자에게 제출한 사실을 털어놓았다.

"그렇게 중요한 걸 왜 아직껏 보고하지 않았나?"

최 전무가 이 부장을 보고 물었다.

"그게……"

이 부장이 말꼬리를 흐렸다. 차마 홍 대리로부터 보고를 받지 못했다는 말을 꺼낼 수가 없었다.

"실은 막 보고 드리려던 참이었습니다."

이 부장이 엉겁결에 대답하고 홍 대리를 쳐다보았다. 최 전무는 더 이상 그 건에 대해서 추궁하지 않았다.

"제이테크 측에서 중국 공장을 인수하려 한다는 것이 사실인가?"

최 전무가 이번엔 홍 대리에게 물었다.

"틀림없습니다."

"그런 정보를 어디서 입수한 건가?"

"뉴욕에 정보원이 있습니다."

"정보원이라니?"

최 전무가 의아한 표정을 지었다. 홍 대리는 제니를 통해서 해리스전자의 내부정보를 입수한 경위를 설명했다.

"새로 제출했다는 제안서가 받아들여질 가능성은 어느 정돈가?"

"솔직히 가능성이 높진 않습니다. 제이테크의 제안이 워낙 파격적이라서. 하지만 아직 해리스전자에서 최종결정을 내린 것은 아니니까 끝까지 최선을 다하겠습니다."

최 전무는 한동안 말이 없었다.

"지금부터 내가 하는 말을 잘 듣게."

잠시 후 최 전무가 무거운 입을 떼었다.

"제이테크에서 우리 회사를 인수하려고 하네."

"네?"

이 부장과 홍 대리가 동시에 놀라움을 표시했다.

"나에게 함께 일하자고 접근해 왔네. 내 손으로 미래전자의 숨통을 끊고 제이테크의 앞잡이가 되어 달라는 걸세."

"……."

"미래전자를 어떻게 만들었는지 아나. 컨테이너 박스에서 숙식을 해결하면서 며칠 밤을 새웠는지 모르네. 그야말로 미친 듯이 일했지. 그때 창업자이신 김규한 사장님과 약속한 것이 있네. 어떤 상황이 닥치더라도 절대로 포기하지 말자고. 미래전자가 자리를 잡기까지 힘든 순간들이 왜 없었겠나. 지금보다 더한 상황도 여러 번 있었지. 그래도 이렇게 살아남지 않았는가. 무슨 일이 있어도 제이테크에게 굴복할 순 없네. 회사를 지켜야 한다고."

어느새 최 전무의 눈가에는 이슬이 맺혀 있었다. 최 전무의 머릿속에는 미래전자와 함께 했던 지난 세월이 주마등처럼 지나갔다. 그야말로 청춘을 다 바친 곳이었다. 회사 구석구석까지 자신의 손때가 묻지 않은 곳이 없었다.

그렇게 소중한 회사였기에 행여 잘못되면 어쩌나 하는 걱정이 끊이질 않았다. 회사를 아끼는 마음이 지나치다보니 안전 위주의 경영에 집착하게 되었고, 결과적으로 후발주자인 제이테크에게 시장을 내주는 빌미를 제공한 격이 되었다.

'공격이 최선의 방어'라는 말처럼 좀 더 공격적으로 밀어붙였어야 했다. 제이테크보다 먼저 해외시장에 진출했더라면 지금과 같은 치욕적인 상황을 맞지는 않았을 것이다. 해외시장 진출에 앞장서기는커녕 이 부장과 홍 대리가 하는 일을 사사건건 트집만 잡았던 것이 여간 후회스럽지가 않았다. 그뿐인가. 개인적인 이해관계 때문에 잠시나마 제이테크에 회사를 넘길 궁리를 하지 않았는가.

"자네들 볼 면목이 없구먼."

최 전무가 풀이 죽은 목소리로 말했다.

"너무 상심하지 마십시오. 아직 승부가 끝난 것이 아닙니다. 홍 대리가 새로운 제안서를 보냈으니 며칠 기다려 보도록 하지요."

이 부장이 애써 최 전무를 위로했다.

"지금 미래전자의 운명은 해리스전자와의 제휴에 성공하느냐 여부에 달려있다고 해도 과언이 아닐세. 그러니 끝까지 최선을 다해주게. 부탁이네."

최 전무의 표정이 전에 없이 비장했다.

끝날 때 더 잘하라

해리스전자의 마이클은 바로 답신을 보내 왔다. 제안서를 정독했으며 일단 가공업체를 확정해서 최종 견적을 보내주면 긍정적으로 검토해 보겠다는 내용이었다. 답신 말미에 가급적 빨리 최종 견적을 보내달라는 부탁을 덧붙였다. 답신에는 언급되지 않았지만 아직 제이테크와의 협상이 마무리되지 않았음을 읽을 수 있었다.

홍 대리는 인터넷에서 입수한 가공업체 명단을 가지고 선정 작업에 들어갔다. 가공업체들 간의 경쟁이 심해서인지 메일을 보내자마자 지체 없이 답신이 들어 왔다. 선정 작업은 빠른 속도로 진행되었다. 그동안의 계약실적 등을 바탕으로 최종적으로 세 군데를 선정한 뒤 가공임에 대한 견적을 요청했다.

홍 대리는 해리스전자에 보낼 최종 제안서를 작성하기 전에 다시 한 번 나 소장을 찾기로 했다. 이번이 마지막 기회라는 생각에서 나 소장의 최종점검을 받기 위함이었다.

나 소장은 언제나처럼 반갑게 맞아주었다.

"해리스전자에서 긍정적인 반응을 보였다고?"

나 소장은 자기 일처럼 좋아했다.

"그렇습니다. 하지만 아직 갈 길이 멉니다. 최종 견적을 보내주면 검토해 보겠다는 것에 불과하니까요."

"그래, 최종견적은 준비했나?"

"네. 여기 가져왔습니다. 혹시 잘못된 게 없는지 검토 좀 해주세요."

나 소장은 홍 대리가 작성한 최종제안서를 꼼꼼히 살펴본 후 입을 열었다.

"이 정도면 훌륭하네. 별로 손댈 곳이 없구먼. 이대로 보내도 되겠네."

나 소장은 별다른 토를 달지 않았다. 홍 대리는 제안서를 거두어들이고 나서 머뭇거렸다. 그냥 돌아가기에는 왠지 허전한 느낌이 들었다.

"이왕에 왔으니 그동안 빠트렸던 내용들을 정리해 보도록 하지."

홍 대리의 마음을 읽었다는 듯이 나 소장이 말했다.

"우선 우리나라의 수출 지원제도에 대해서 알아보세."

"수출 지원제도가 뭐죠?"

"말 그대로 나라에서 수출을 지원하기 위한 제도지. 나라마다 자국의 수출을 지원하기 위한 제도를 운영하고 있는데, 우리나라의 대표적인 수출 지원제도로는 수출보험과 관세환급제도가 있네."

"수출보험이란 건 뭐예요?"

"적하보험으로 커버되지 않는 수출자의 위험을 보장해주는 보험이지."

"좀 더 구체적으로 말씀해 주세요."

"가장 대표적인 경우가 수출대금을 받지 못했을 때 손해를 보상해 주는 거지."

"그럼 처음 상대하는 바이어하고도 안심하고 거래할 수 있겠네요."

"그렇다네. 수출보험에 가입하면 돈을 떼일 걱정에서 해방되는 셈이지. 그밖에도 환율 하락에 따르는 손해를 보상해주는 등 다양한 종류의 보험을 운영하고 있다네."

"수출보험은 어디서 취급하나요?"

"수출보험은 비영리정책보험이기 때문에 한국무역보험공사에서만 취급한다네. 중요한 것은 아무리 수출보험이 수출업체를 지원하기 위한 제도라고 해도 무조건 지원을 받을 수 있는 건 아니라는 걸세."

"무조건 지원을 받을 수 없다뇨?"

"보험에 가입을 해야만 손해를 보상받을 수 있다는 거지. 그러니까 수출을 할 때는 적하보험 뿐만 아니라 수출보험에 대해서도 관심을 가지고 챙겨야 하네. 수출보험에 관한 보다 자세한 내용은 한국무역보험공사의 웹 사이트(www.ksure.or.kr)를 참고하게."

"명심하겠습니다. 수출보험은 그 정도로 하고요. 관세환급이란 건 뭐예요?"

"관세환급이란 말 그대로 관세를 돌려주는 걸세."

"관세가 뭐예요?"

"간단하게 정의하면 수입품에 부과되는 세금이라고 할 수 있지."

"관세를 왜 돌려주나요?"

"수출품을 제조하는 데 사용한 원료나 부품을 수입할 때 납부했던 관세를 돌려줌으로써 수출업체를 지원해주는 걸세."

"환급절차는 복잡하지 않나요?"

"복잡하지. 하지만 걱정할 필요 없네. 관세환급 업무도 관세사에 맡기면 대신 처리해 준다네. 수출자로서는 관세환급을 받을 수 있다는 것만 기억해 두면 되는 걸세."

"그 정도면 수출지원제도가 어떤 건지 대충 감을 잡을 수 있을 것 같아요. 그밖에 더 배워야 할 건 없나요?"

나 소장은 잠시 뜸을 들이더니 입을 열었다.

"미래전자에선 왜 수출에만 관심을 갖는 건가?"

"네?"

홍 대리는 나 소장의 질문의도를 이해하지 못하겠다는 표정을 지었다.

"왜 수입에는 관심을 갖지 않느냐는 걸세."

"그거야 저희 회사가 물건을 만들어서 파는 회사니까 수출에 관심을 갖는 것이 당연한 거 아닌가요?"

홍 대리가 반문했다.

"수출에 관심을 갖는 것이 잘못됐다는 것이 아니라 수출 못지않게 수입을 통해서도 회사의 이익을 극대화시킬 수 있다는 걸 간과하는 것 같아 하는 소릴세."

"무슨 말씀이신지……."

"우선 미래전자에서 사용하는 원료나 부품 중에서 수입품이 얼마나 되는지 확인해 봤나?"

"그건 아직……."

"미래전자뿐만 아니라 중소제조업체에선 원료나 부품을 직접 수입하기보다는 원료부품 수입업체로부터 구매하는 경우가 대부분이지. 조금만 신경을 쓰면 자신이 직접 수입해 원가를 절감할 수 있는 길이 널려있는 데도 말일세."

"그래도 대량으로 수입해서 공급하는 원료부품 전문 수입업체로부터 구입하는 게 오히려 경제적이지 않나요?"

"수입업체에서 어느 정도의 마진을 붙이느냐에 따라서 달라지겠지. 어쨌든 직접 수입할 경우의 예상 수입원가를 산출해서 국내구입단가와 비교해 볼 필요가 있네. 한 걸음 더 나아가 자체 사용분 외에 추가물량을 들여와서 다른 업체에 판매하는 것도 검토해 볼 필요도 있고."

"거기까진 미처 생각하지 못했네요."

"뿐만 아니네. 왜 완제품을 수입해다가 팔 생각은 하지 않나?"

"완제품을 수입해다 팔다뇨?"

"미래전자는 이미 오래 전부터 국내판매망을 확보하고 있지 않은가? 이미 확보해 놓은 판매망을 이용해서 자체생산품뿐만 아니라 수입완제품을 함께 판매함으로써 이익을 극대화시킬 수 있단 말일세."

"하지만 수입을 하려면 자금의 뒷받침도 있어야 하고 수입절차도 까다로울 텐데 지금 저희 회사 입장에선 좀……."

홍 대리가 애매한 표정을 지었다.

"자금문제라면 할 말이 없지만 수입절차 때문이라면 얘기가 다르네."

"무슨 말씀이세요?"

"보통 수출은 쉽게 생각하면서도 수입이라면 왠지 어렵고 복잡하게 생각하는 경향이 있지. 하지만 실제로 해 보면 수출보다 오히려 수입이 일을 진행하기 쉽다는 걸 알게 될걸세."

"그래도 왠지 수입이 수출보다 어려울 것 같은 느낌이 드는데요."

"그건 선입견에 불과하네. 수출보다 수입이 쉬운 것은 바이어의 입장에서 일을 진행하기 때문일세. 아무래도 셀러로서 바이어를 상대하는 것보다 바이어의 입장에서 셀러를 상대하는 것이 편하지 않겠나. 수출의 경우 바이어를 찾아내는 것도 힘들지만 첫 오더를 받기까지가 얼마나 힘든가? 자네가 이미 경험하지 않았나? 반대로 바이어의 입장이 되면 공급처를 찾아내기도 쉬울뿐더러 오더협상을 주도적으로 이끌어나갈 수 있으니, 수출보다 수입이 쉽다는 것이 허투루 하는 소리가 아니네."

"그래도 물건을 수입해서 국내로 들여오려면 이것저것 걸리는 게 많을 것 같은데요."

"물론 통관과정에서 여러 가지 복잡한 문제가 발생할 수 있지. 품목에 따라서는 별도의 허가나 승인을 받아야 할 수도 있고. 하지만 어차피 통관과 관련된 모든 문제는 관세사가 처리해 주니까 걱정할 필요가 없네. 수입을 어렵게 생각할 필요가 전혀 없는 셈이지."

"그래도 이왕이면 수입보다는 수출 쪽에 공을 들이는 게 바람직하지 않나요? 국가경제 차원에서도."

홍 대리는 여간해선 수입에 대한 부정적인 시각을 바꾸려 하지 않았다.

"그것도 잘못된 생각일세. 수출을 하면 애국자고 수입을 하면 나라경제에 해를 끼친다는 생각은 버려야 하네. 수입에 의존할 수밖에 없는 원료나 부품은 말할 것도 없고, 값싸고 품질 좋은 제품을 시장에 공급함으로써 결과적으로 국산제품의 경쟁력을 높이는 데도 기여한다는 사실을 직시할 필요가 있네."

"제가 생각이 짧았네요. 앞으로 수입 쪽으로도 연구를 해 보겠습니다."

"연구까진 안 하더라도 수입을 통해서도 회사와 국가에 이바지할 수 있다는 걸 잊지 말게나."

"새겨두겠습니다."

홍 대리가 일어설 채비를 하면서 말했다.

"혹시 더 알고 싶은 건 없나?"

나 소장이 자리를 정리하면서 물었다.

"참, 지난번에 성공적인 협상을 위한 일곱 가지 방법에 대해서 말씀해 주셨잖아요?"

"그랬지."

"그때 마지막 일곱 번째 방법을 남겨 두셨는데요."

"잊지 않고 기억하고 있었군. 그때 얘기한 여섯 가지 방법이 뭐였지?"

"'기선을 제압하라', '상대방의 마음을 읽어라', '주고받으라', '서두르지 마라', '경쟁심을 자극하라', '상대방을 코너로 몰지 마라' 입니다."

"그걸 다 외웠단 말인가?"

나 소장의 얼굴에 대견스러워하는 표정이 역력했다.

"뉴욕으로 가는 비행기 안에서 외워버렸어요. 그때 해리스전자와의 협상을 앞두고 절박했거든요. 소장님의 말씀을 음미하면서 협상전략을 가다듬었어요. 헌데 막상 협상이 시작되자 아무 것도 생각이 나질 않더라고요. 어쨌든 소장님의 경험에서 우러나온 말씀이니 새겨두어야겠다는 생각이 들었어요."

"나의 개인적인 의견에 불과한 얘기를 그 정도로 진지하게 받아들였다니 고맙군. 일곱 번째 방법은 협상전략이라기보다는 거래처를 상대하는 요령 중에 하나라고 할 수 있네."

"어떤 요령인데요?"

"바로 끝날 때 더 잘 하라는 걸세."

"끝날 때 더 잘하라뇨?"

홍 대리가 의아한 표정으로 물었다.

"거래관계라는 것이 언젠가는 끝이 있기 마련 아닌가. 아무리 오랫동안 좋은 관계를 유지했더라도 상황이 변하면 거래관계가 끝날 수도 있는 것이 비즈니스의 세계지. 중요한 것은 거래관계가 끝난다고 해서 다시는 안 볼 것처럼 냉정하게 돌아서지 말라는 걸세. 사람의 인연이 끝없이 이어지듯이 거래처와의 인연이라는 것도 언제 어떻게 되살아날지 모르는 일이네."

"좀 철학적인 말씀이네요."

"내가 실제로 겪었던 얘길 들려주지. 10년 이상 거래관계를 유지했던 거래처가 있었네. 우여곡절이 있었지만 나에겐 가장 큰 거래처 중에 하나였지. 오랫동안 거래관계를 유지하면서 인간적으로도 많이 친해졌다네. 서로 가족들의 안부를 물을 정도로. 그러던 어느 날 갑자기 결별통보를 받았네."

"결별통보라뇨?"

"이제 그만 헤어지자는 거지."

"왜요?"

"더 좋은 상대가 생겼다는 거야."

"그러니까 좀 더 좋은 조건으로 거래할 수 있는 거래처가 새로 생겼다는 거네요."

"그런 셈이지."

"그래서 어떻게 하셨어요?"

"문제는 오랫동안 그 거래처와 독점적으로 거래를 하다 보니 나로서는 전혀 헤어질 준비가 되어 있지 않았다는 점이었네."

"독점계약은 맺지 않았나요?"

"처음에는 독점계약서를 작성했었지. 하지만 오랫동안 거래를 하면서 서로 믿게 되니까 어느 시점부터 굳이 계약서를 작성할 필요가 없다는 생각이 들었네. 이심전심으로 서로 상대방하고만 거래를 한다고 생각했으니까."

"계약서는 없었지만 실질적으로 독점 상태였다는 말씀이시네요."

"남녀관계로 비유한다면 결혼신고만 안 했지, 사실상의 결혼 상태였다고 할 수 있지."

"그런 상태에서 어느 날 갑자기 헤어지자는 통보를 받으셨으니 배신감이 컸겠네요."

"배신감 정도가 아니었지. 헤어질 때 헤어지더라도 최소한 상대방이 준비할 시간은 주어야 하는 것 아닌가 하는 생각이 들었지."

"그래서 어떻게 하셨어요?"

홍 대리가 다시 한 번 나 소장의 답변을 재촉했다.

"생각 같아서는 어떻게 그럴 수가 있냐고 몰아붙이고 싶었지만 그래봤자 감정만 상할 뿐 문제가 해결되는 건 아니라는 생각이 들었네. 설사 독점계약이 되어 있더라도 상대방이 지키지 않으면 그만인데 사실상의 독점상태란 걸 주장해봐야 무슨 소용이 있겠나. 난 마음을 비우기로 했네. 상대방에게 새로운 파트너와 잘 되기를 바란다는 식의 메시지를 보냈지. 그것으로 거래관계는 끝이 나고 말았네."

"정말 대단하시네요. 자신을 배신하고 떠나는 사람의 행복을 빌어주다니. 그나저나 가장 큰 거래처와의 거래가 갑자기 끊기고 나서 어려움이 많으셨겠어요."

"많이 힘들었지. 무역거래의 특성상 갑자기 새로운 거래처가 나타나는 것도 아니고. 어쨌든 힘든 나날을 보내고 있는데 몇 년 후 결별을 통보했던 거래처에서 다시 연락이 왔네."

"뭐라고요?"

"다시 거래를 하고 싶다고. 드러내놓고 말을 하진 않았지만 새로 거래를 시작했던 거래처와 문제가 생긴 것 같았네."

"그래서 뭐라고 하셨어요."

"나야 마다할 이유가 없었지. 그동안에 무슨 일이 있었는지 묻지도 따지지도 않고 선뜻 거래를 재개하자고 했네."

"상대방이 감동했겠네요."

"그럼. 조강지처를 버리고 떠났던 사람을 다시 받아들이는 것과 다름이 없었으니까. 어쨌든 그런 식으로 한 번 끊어졌던 거래관계가 재개되자 거래처의 태도가 확연히 달라졌네."

"어떻게요?"

"말끝마다 고맙다고 하고 웬만한 건 다 양보하고 어떻게든 나에게 잘 보이려고 애쓰는 모습이 역력했네. 결과적으로 결별하기 전보다 오히려 관계가 더 좋아졌지. 거래규모도 늘어나고."

"왜 그렇게 달라진 거예요?"

"그게 다 끝날 때 잘 했기 때문이지. 만약 상대방이 일방적으로 결별통보를 했을 때 다시는 안 볼 것처럼 막 대했다면 그걸로 상대방과의 인연은 끝이 났을 걸세. 상대방이 잘못했을 때 잘못을 지적하고 나무라면 속은 좀 편해질지 몰라도 문제를 해결하는 데 도움이 되기보다는 상대방과의 관계만 악화시킬 뿐이지."

"이제야 왜 끝날 때 더 잘하라는 건지 이해가 되네요."

"비단 비즈니스를 할 때뿐만 아니라 모든 인간관계에서 내가 조금 손해 본다는 생각으로 접근하면 좋은 결과가 있을 걸세."

나 소장이 말을 마치고 벽에 걸린 시계를 쳐다봤다. 어느새 시간이 훌쩍 지나 있었다. 홍 대리는 하직인사를 하고 자리에서 일어섰다.

9회 말, 마지막 승부

"무슨 일이 벌어지고 있는 거야?"

방 대리가 심각한 표정으로 말했다.

"무슨 일이라니?"

홍 대리가 되물었다.

"회사 분위기가 마치 폭풍전야 같아서 말이야. 지난주에 올린 결재서류도 그대로 있고. 전무님이랑 부장님이랑 모두 약속이나 한 듯이 조용하잖아."

"……."

"도대체 해리스전자 건이 어떻게 돌아가는 거야?"

방 대리가 홍 대리의 대답을 재촉했다.

"이제 막 9회로 접어드는 형국이네."

"9회로 접어들다니?"

방 대리가 갑갑하다는 표정을 지었다. 한가하게 야구 얘기나 꺼낼 분위기가 아니었다. 홍 대리는 제이테크에서 중국공장을 인수하려고 작업 중이며, 이에 맞서기 위해서 위탁가공무역 방식을 활용한 최종제안서를 해리스전자에 제출한 사실을 털어놓았다.

"바야흐로 마지막 승부를 앞두고 있는 셈이군."

"그래."

"승산은 있어?"

"솔직히 자신이 없어."

"자신이 없다니?"

"전력차이가 너무 커."

"무슨 뜻이야?"

"제이테크의 제안이 훨씬 매력적이야."

"그래도 해리스전자에서 최종제안서를 요청한 걸 보면 역전의 가능성이 있는 것 아니야?"

"그게 나로서도 수수께끼야."

"끝날 때까진 끝난 것이 아니라고 하잖아. 9회 말이 끝날 때까지 기다려 보자고."

방 대리가 자리에서 일어서며 말했다.

방 대리가 자리를 뜬 후 홍 대리는 그동안의 경과를 되돌아보았다. 어느 날 갑자기 아무런 준비가 되어 있지 않은 상태에서 해외영업을 맡게 되었다. 국내시장에서의 판매부진으로 경영난에 처한 회사로서는 사활이 걸린 일이었다. 하지만 무역의 '무'자도 모르는 상태에서 해외거래처를 상대한다는 것은 불가능한 일이었다.

궁하면 통한다고 했던가. 국내 최고의 무역전문가인 나승환 소장으로부터 무역을 배울 수 있는 길이 열렸다. 나 소장으로부터 기본적인 무역의 흐름을 배우고, 바로 실전에 뛰어들었다. 우여곡절 끝에 미국시장을 주도하는 해리스전자와 거래를 트는 데 성공했지만 2차 오더를 받는 데 실패함으로써 미국시장 진출의 꿈이 무산될 위기에 처했다. 경쟁사인 제이테크의 방해공작이 만만치 않았다. 최종제안서를 작성했지만 받아들여진다는 보장도 없었다.

해외시장 진출에 성공할지의 여부를 떠나서 국내 최고의 무역전문가로부터 가르침을 받았다는 것은 이만저만한 행운이 아니었다. 나 소장으로부터 배운 것은 단순한 무역지식만이 아니었다. 다양한 현장경험에서 우러난 나 소장의 한 마디 한 마디는 비단 비즈니스 현장에서뿐만 아니라 인생을 살아가는 데 큰 힘이 될 것임에 틀림없었다.

"아무래도 이상합니다."

오늘따라 변종수 상무의 목소리에 힘이 없었다.

"무슨 말씀이세요?"

허준표 사장이 미간을 찌푸리며 물었다.

"해리스전자의 움직임이 수상합니다."

"수상하다니요?"

"중국공장 인수 건에 대한 최종 답변을 계속 미루고 있습니다."

"그건 이미 끝난 얘기 아닙니까? 우리가 짐을 덜어주겠다는데 해리스전자에서 마다할 이유가 없지 않습니까?"

"얼마 전까지만 해도 쌍수를 들어 환영했는데, 요 며칠 사이에 분위기가 바뀌었습니다."

"이유가 뭡니까?"

"그게……."

변 상무가 애매한 표정을 지었다.

"미래전자의 동향은 어떻습니까?"

허 사장이 따지듯이 물었다.

"뭔가 꿍꿍이가 있는 것 같습니다. 최근 들어 해리스전자와의 접촉이 빈번하다는 정보를 입수했습니다."

"미래전자의 해외영업 책임자가 누굽니까?"

"책임자라기보다 홍석진 대리라는 친구 혼자서 해외거래처를 상대한다고 들었습니다."

"대리 혼자서 해외영업을 책임진다는 말씀입니까?"

"그렇습니다."

"홍 대리라는 친구가 어떤 사람입니까?"

"어떤 사람이라뇨?"

"미래전자에서는 원래 해외영업과는 담을 쌓지 않았습니까. 그런데 홍 대리라는 친구가 어디서 무역을 배워서 혼자 해외거래처를 상대한단 말입니까?"

"그건 저도……."

변 상무는 말을 잇지 못했다.

"그나저나 최만호 전무한테서는 아직 소식이 없나요?"

"전혀 연락이 없습니다."

허 사장은 뭔가 일이 잘못되고 있다는 느낌을 지울 수가 없었다. 미래전자 건만 마무리 지으면 본격적으로 한성그룹의 후계자 경쟁에 나설 참이었다. 미래전자를 인수함으로써 자신의 경영능력을 확실하게 보여주고 싶었다. 그런데 마지막 순간에 일이 삐걱대고 있는 것이다. 상대는 어디서 무역을 배웠는지도 알 수 없는 홍 대리라는 친구였다. 도대체 홍 대리의 정체는 무엇이란 말인가?

허 사장은 더 이상 변 상무만 믿고 뒷짐지고 있을 때가 아니라는 생각이 들었다.

최종제안서에 대한 해리스전자의 답장은 좀처럼 날아오지 않았다. 홍 대리는 다시 불안해지기 시작했다. 해외거래처와 연락을 주고받는 과정에서 상대방의 답장이 늦어지는 경우 대부분 안 좋은 결과로 이어질 확률이 높았다. 최종견적을 재촉하던 마이클이 침묵을 지키는 것은 결코 좋은 징조로 보이지 않았다.

그동안 제이테크와의 협상이 급진전되어서 더 이상 미래전자와의 제휴에 관심이 없는 것인지도 몰랐다. 미래전자와 해리스전자 간에 모종의 협상이 진행 중이라는 걸 눈치 챈 제이테크에서 또 다른 파격적인 제안을 했을 가능성도 있었다. 마음이 급해진 홍 대리는 마이클에게 최종제안서 검토결과를 알려달라는 내용의 메일을 보냈다. 마이클의 답신은 간단했다. 아직 검토 중이니 좀 더 기다려 달라는 내용이었다. 홍 대리는 불안감을 떨쳐버릴 수 없었지만 해리스전자의 결정을 기다리는 수밖에 다른 방도가 없었다.

최종제안서에 대한 해리스전자의 답변이 도착한 것은 그로부터 며칠 후였다. 마이클이 보내 온 메일에는 미래전자의 최종제안서를 받아들일 수 없음을 유감스럽게 생각한다고 적혀 있었다.

마이클의 메일을 확인하는 순간 홍 대리는 온 몸에 맥이 탁 풀렸다. 해리스전자와의 제휴를 통해서 기사회생의 전기를 마련하려던 미래전자로서는 마지막 희망조차 사라진 것이다. 또 다른 거래처를 개발할만한 시간적인 여유도 없었다. 제이테크와의 승부는 이것으로 끝이었다.

"면목이 없습니다."

홍 대리가 기어들어가는 목소리로 말했다. 이 부장은 한참동안 아무 말이 없었다. 무슨 일이냐고 묻지도 않았다. 홍 대리의 표정이 모든 걸 말해주고 있었다. 이미 각오했던 일이지만 막상 그동안의 모든 노력이 수포로 돌아갔다고 생각하니 허탈한 마음을 감출 수가 없었다. 한참만에야 이 부장이 무거운 입을 열었다.

"그동안 수고 많았네."

"……."

"자네에게 너무 큰 짐을 지운 것 같군. 무역의 '무'자도 모르는 사람에게 해외시장을 개척해보라고 했으니. 비록 미국시장에 진출하는 데는 실패했지만 자네가 고군분투하던 모습은 잊지 못할 걸세."

이 부장의 목소리에는 비장함이 서려 있었다. 마치 전장에서 패한 장수가 마지막 말을 내뱉는 것 같았다. 홍 대리의 코끝이 시큰해졌다. 이제 더 이상 회사의 회생을 기대하기 힘들게 되었다고 생각하니 가슴이 미어지는 것 같았다.

처음에는 그렇게 낯설고 힘들었지만 어느새 무역의 매력에 흠뻑 빠져 있었다. 이제야 무역이 어떻게 돌아가는지 감을 잡고 본격적으로 제이테크와의 무역전쟁에 돌입하려는 순간 이미 상황은 끝나고 만 것이다. 그만큼 제이테크의 벽은 높기만 했다.

홍 대리는 허탈한 마음으로 사무실을 나왔다. 거리에는 어느새 가을이 깊어가고 있었다. 길 위에 나뒹구는 낙엽을 바라보니 자신의 신세와 다를 바 없다는 생각이 들었다. 더 이상 회사를 위해서 할 일이 없어진 마당에 이제 어디로 가서 무얼 해야 한단 말인가? 가을의 을씨년스런 바람이 홍 대리의 마음을 더욱 아리게 했다.

"가을 풍경이 멋지지 않은가?"

약속도 없이 찾아갔는데도 나 소장은 넉넉한 미소를 지으며 홍 대리를 맞이했다. 나 소장의 시선이 향한 산자락에는 가을이 가득했다. 여느 때 같으면 가을의 낭만에 흠뻑 취할 만한 상황이었지만 홍 대리의 표정은 어둡기만 했다.

"해리스전자 건이 잘 안 풀린 게로군."

나 소장이 차를 내 놓으며 말했다. 홍 대리는 해리스전자와의 제휴시도가 끝내 실패로 돌아간 사실을 털어놓았다.

"너무 실망하지 말게. 무역 일을 하다보면 확정적이던 오더가 막판에 깨지기도 하고, 다 끝난 것처럼 보이던 거래처와의 관계가 일순간에 회복되기도 한다네."

"하지만……."

홍 대리는 회사의 상황이 더 이상 버틸 수 없는 지경에 이르렀다는 하소연을 늘어놓을까 하다가 그만두었다. 이미 나 소장도 다 알고 있는 얘기였다. 찻잔을 사이에 두고 잠시 무거운 침묵이 흘렀다.

"소장님은 왜 평생을 무역에 바치셨습니까?"

홍 대리가 물었다. 뜬금없는 질문이었다.

"무슨 뜻인가?"

나 소장이 홍 대리가 한 질문의 의도를 모르겠다는 듯이 되물었다.

"무역이란 게 한없이 매력적이면서도 하면 할수록 어렵다는 생각이 들어서요. 평생 동안 무역 일을 하려면 얼마나 많은 어려움에 처해야 할 지 상상이 가지 않아요. 혹시 도중에 직업을 바꿀 생각은 하지 않으셨어요?"

"왜 없었겠나."

나 소장은 목소리를 가다듬고 나서 입을 열었다.

"모든 인생사가 그런 것처럼 무역 일을 하다 보면 이런 저런 어려움에 마주치게 마련이지. 하지만 난 다시 한 번 젊은 날로 돌아가서 직업을 선택할 수 있는 기회가 주어진다고 해도 주저 없이 무역을 선택할 걸세."

"왜죠?"

홍 대리가 따지듯이 물었다.

"무역만큼 매력 있는 일을 찾을 수 없기 때문일세."

나 소장은 잠시 뜸을 들였다가 말을 이었다.

"무엇보다도 전 세계를 상대로 꿈을 펼칠 수 있다는 것이 무역의 가장 큰 매력이지. 우리나라의 면적은 전 세계 면적의 0.07%에 불과하고, 인구도 전 세계 인구에 0.68%에 불과하네. 국내시장보다 면적으로는 1,400배에 달하고, 인구로는 145배나 되는 거대한 시장을 상대로 일할 수 있다는 게 얼마나 가슴 뛰는 일인가?"

나 소장의 목소리에는 어느새 힘이 들어가 있었다.

"그뿐인가. 문화적인 배경이나 언어가 다른 해외거래처와의 거래를 성사시켰을 때 느끼는 성취감이 얼마나 큰지는 자네도 이미 경험해보지 않았나. 비즈니스를 핑계삼아 전 세계를 돌아다니며 견문을 넓힐 수도 있고. 어차피 한 번밖에 살지 못할 인생이라면 좀 더 넓은 세상을 상대로 꿈을 펼쳐보는 게 좋지 않겠나?"

"……."

"무역은 개인뿐만 아니라 기업의 입장에서도 매력적인 구석이 많다네."

나 소장은 홍 대리를 한 번 쳐다보고 나서 말을 이었다.

"우선 세계 각국과의 무역거래를 통해서 거래규모를 키우고 가격경쟁력을 높일 수 있지. 국내거래처럼 인맥이나 혈연, 지연에 얽매일 필요도 없고, 부패나 각종 부조리로부터도 상대적으로 자유롭지 않은가. 국내거래에서처럼 구매자에게 일방적으로 끌려 다닐 필요도 없고. 아무튼 무역거래를 통해서 기업의 경쟁력을 높일 수 있다는 것은 틀림없는 사실이네."

"국가적으로도 무역이 중요하지 않나요?"

"중요하다 뿐인가? 특히 우리나라처럼 자원도 부족하고 국내시장도 크지 않은 나라에서는 무역에 대한 의존도가 높을 수밖에 없지."

"……."

"무역이 없었다면 우리나라가 오늘날과 같은 경제적인 번영을 누리지 못했을 걸세. 1960년대 중반까지만 해도 우리나라의 1인당 국민소득이 북한이나 필리핀보다도 낮았었지. 그때 시장을 개방하고 수출증진에 총력을 기울이지 않았다면 아직까지도 후진국의 늪에서 벗어나지 못했을 걸세. 해상왕(海上王) 장보고의 예에서 보듯이 우리 민족의 우수성은 무역 분야에서도 빛을 발하고 있다네. 인구나 국토의 면적만 놓고 보면 강대국 소릴 듣기 힘들지만, 무역인력의 자질이

나 열정만큼은 세계 최고수준이라고 해도 지나친 말이 아니지. 전 세계가 하나의 시장으로 통합되는 과정에서 우리나라가 무역의 힘으로 세계 초강대국의 대열에 들어설 날이 멀지 않았네. 적어도 우리나라의 입장에서 무역보다 더 중요한 건 없네. 무역이 대세란 말일세."

나 소장이 열변을 토했다.

"소장님 말씀을 듣고 보니 무역을 배우길 정말 잘했다는 생각이 듭니다. 비록 첫 번째 도전에는 실패했지만 다음에는 좀 더 발전된 모습을 보여드리겠습니다."

"명심하게. 무역으로 성공하려면 결코 서둘러서는 안 되네. 마라톤을 한다고 생각하고 한 발 한 발 내딛다 보면 언젠가는 좋은 결실을 맺을 수 있을 것이네."

나 소장의 말은 평범한 것 같으면서도 많은 의미를 포함하고 있었다. 마라톤을 할 때 무엇보다도 경계해야 할 것은 초반에 과욕을 부리는 것이다. 초반부터 속력을 내다보면 중반 이후에 무너질 확률이 높다.

반대로 초반에 컨디션이 안 좋아서 뒤처졌더라도 포기하지 않고 끝까지 달려서 좋은 성적을 거두는 경우도 적지 않다. 무역뿐만 아니라 인생을 살아가는 데도 끝까지 포기하지 않는 도전정신이 필요한 것이다.

홍 대리는 한결 편안해진 마음으로 나 소장의 집을 나섰다. 집 주변에는 낙엽이 수북하게 쌓여있었다. 가을이 가면 겨울이 오고 겨울이 지나면 봄이 오듯이 힘든 일을 참고 견디면 언젠가는 좋은 일이 생길 것이다.

지금은 비록 힘들더라도 세월이 지나서 되돌아보면 별 거 아니었다는 생각이 들 수도 있을 것이다. 홍 대리는 스스로를 격려하며 차를 몰았다. 가을이 깊어가는 도로 위로 어느새 어둠이 내리고 있었다.

승부의 끝

김일도 사장은 좀처럼 입을 열려고 하지 않았다. 그저 묵묵히 최만호 전무의 발언에 귀를 기울일 뿐이었다. 최고경영자로서 중대한 결정을 내려야 할 순간마다 김 사장은 침묵으로 일관했다. 그럴 때마다 총대를 메는 것은 최 전무였다. 하지만 이번엔 사정이 달랐다. 회사의 명운이 걸린 문제였다.

"더 이상 버틸 수가 없는 상황입니다."

최 전무의 목소리가 가볍게 떨렸다.

"채권단에서 최후통첩을 보내왔습니다. 미국시장에 진출하는 데 실패했다는 걸 눈치 챈 것 같습니다."

"……."

"제이테크의 제안을 받아들일 수밖에 없을 것 같습니다."

"전무님이 알아서 하시지요."

알아서 하다니. 회사를 넘기는 일을 어떻게 알아서 하란 말인가? 최 전무는 김 사장의 무책임한 발언이 거슬렸지만 내색하진 않았다. 엊그제 제이테크의 허준표 사장을 독대한 자리에서 미래전자 전 직원 중 단 한 사람도 희생시키지 않겠다는 다짐을 받아냈지만, 최 전무의 마음은 여전히 편치 못했다.

직원들의 입장에서 보면 제이테크와의 합병이 오히려 잘된 일이 될 수도 있겠지만, 미래전자를 설립하는 데 주역으로 활동했던 최 전무로서는 미래전자의 명운이 다했다고 생각하니 가슴이 미어지는 것 같았다.

그 순간 노크소리가 들렸다.

"들어오세요."

김 사장이 기다렸다는 듯이 말했다. 사장실 문이 열리고 이종국 부장이 홍석진 대리와 함께 나타났다. 두 사람은 상기된 표정으로 김 사장과 최 전무가 대면하고 있는 회의탁자 앞에 섰다.

"무슨 일인가?"

최 전무가 이 부장을 쳐다보면서 물었다. 무슨 일이기에 사장실까지 쳐들어왔느냐고 추궁하는 듯한 표정이었다.

"해리스전자와의 제휴가 성사되었습니다."

이 부장이 큰 목소리로 말했다.

"해리스전자와의 제휴가 성사되다니. 그건 이미 끝난 얘기가 아닌가?"

최 전무가 믿을 수 없다는 표정을 지었다.

"마이클이 메일을 보내왔습니다."

이번에는 홍 대리가 입을 열었다.

"지난번에 제출한 최종제안서를 받아들인다는 내용입니다. 메일에는 정식계약서 초안까지 첨부되어 있습니다. 바로 이겁니다."

홍 대리가 계약서 초안을 내밀었다.

"상호 간의 안정적인 거래를 위해서 계약기간은 3년으로 하고, 오더량도 매년 늘려나간다는 내용입니다."

홍 대리가 우렁찬 목소리로 말했다.

"장기적으로는 미래전자 자체브랜드 제품을 수입 판매하는 것도 검토해 보겠다고 합니다."

이 부장이 거들었다.

"도대체 어떻게 된 건가? 지난번에 분명히 우리의 최종제안서를 받아들일 수 없다고 하지 않았나?"

최 전무가 여전히 믿을 수 없다는 표정을 지었다.

"그건 저희도 모르겠습니다. 해리스전자가 갑자기 마음을 바꾼 이유가 뭔지는 알 수 없습니다. 어쨌든 계약서 초안까지 보내왔으니 제휴가 성사된 것은 확실합니다."

이 부장이 힘주어 말하고 홍 대리를 쳐다보았다. 동의를 구하는 제스처였다.

"그렇습니다. 여기 계약서 초안에 사인만 하면 해리스전자와의 제휴가 확정되는 겁니다."

"아무튼 잘 됐습니다. 큰 일을 해냈습니다."

잠자코 지켜보고만 있던 김 사장이 오랜만에 입을 열었다.

"이럴 때가 아닙니다. 당장 이 사실을 채권단에게 통보하고 추가 지원을 요청해야겠습니다."

최 전무가 자리에서 일어섰다. 평소답지 않게 흥분한 기색이 역력했다. 이 부장과 홍 대리도 최 전무를 따라 사장실을 나왔다.

"이건 대단한 반전이구만. 아무튼 수고 많았네."

최 전무가 홍 대리의 어깨를 두드렸다.

자리에 돌아 온 홍 대리의 휴대폰에 처음 보는 전화번호가 떴다.

"홍석진입니다."

"안녕하세요?"

여자의 목소리였다.

"누구세요?"

"여기 뉴욕이에요."
뉴욕이라는 말을 듣자마자 바로 제니의 얼굴이 떠올랐다.
"아, 제니 씨."
"그동안 잘 지내셨어요?"
"네. 제니 씨도 잘 지내시죠?"
"그럼요. 실은 해리스전자 건으로 전화 드렸어요."
제니가 먼저 용건을 꺼냈다.
"며칠 전에 마이클을 만났어요. 취재차 나갔다가 우연히 만났는데요. 지나가는 말로 미래전자하고 잘 되고 있냐고 물었더니 앞으로 잘 될 것 같다고 하더라고요."
"……."
"말 속에 무슨 의미가 담긴 것 같아서 다그쳤더니 제이테크 얘기를 꺼내더라고요."
"무슨 얘긴데요?"
홍 대리가 다그쳐 물었다.
"제이테크에서 소비자 반응을 조작한 정황을 포착했대요."
"소비자 반응이라면?"
"미래전자에서 주문자상표 방식으로 공급한 모델에 대한 소비자 반응을 체크하던 중에 이상한 점이 발견됐대요."
"어떤?"
"특정 판매점에서만 악평이 접수됐고, 악평의 내용이 비슷한 데다 문체까지 같더래요. 마치 한 사람이 작성한 것처럼 말이죠. 설문조사를 담당하는 직원이 어디서 많이 본 문체라 곰곰이 생각해 보니 전에 다른 제품의 설문조사 때 접수했던 소비자 평 중에 비슷한 문체가 있었던 것 같더래요. 예전에 접수했던 설문조사지를 뒤져서 문제의 소비자 평을 확인해 보았더니 영락없이 같은 사람이 쓴 것이더래요. 근데 문체는 같은데 내용은 정반대, 즉 제품에 대한 호평만을 늘어놓았더래요. 그 제품은 바로 제이테크에서 새로 출시한 모델이었고요."

"그러니까 제이테크 제품에 대해서 호평을 늘어놓았던 사람이 미래전자 제품에 대해서는 의도적으로 복수의 악평을 퍼트린 거네요."

"문제의 평이 접수된 판매점 근처에 한성그룹 뉴욕지사가 있는 것으로 보아 한성그룹 지사원 중 누군가의 소행으로 보인다고 하더군요. 결국 제이테크에서 소비자 반응을 조작한 것으로 보는 거죠."

"혹시 해리스전자에서 한성그룹과 제이테크와의 관계를 아나요?"

"알다마다요. 처음에 제이테크 제품을 취급하게 된 것도 한성그룹이 중간에서 다리를 놓았기 때문인데요."

"그밖에 다른 얘긴 없었나요?"

"최근 들어 제이테크 자체브랜드 제품에서 하자가 자주 발생한대요. 해리스전자의 분석으로는 불량부품의 사용이 하자의 원인일 가능성이 높다고 하더군요. 원가를 낮추기 위해서 저가의 부품을 사용했을 가능성이 높다는 거예요."

제니의 얘기를 듣고 보니 해리스전자에서 갑자기 마음을 바꾼 이유를 조금은 이해할 수 있을 것 같았다. 제이테크에 대한 신뢰가 무너진 것이 미래전자와의 제휴를 결정하게 된 계기가 됐을 가능성이 높았다. 홍 대리는 그간의 진전사항을 간추려서 제니에게 얘기했다.

"그랬었군요. 어쩐지 마이클이 저를 대하는 태도가 전과 다르더라고요."

"다르다니요?"

"전엔 제가 물어보는 것에 대해서만 마지못해서 답변을 늘어놓는 정도였는데, 이번엔 그쪽에서 더 적극적으로 묻지도 않는 얘기를 털어놓더라고요."

"이유가 뭘까요?"

홍 대리가 물었다.

"이유라뇨?"

"제니 씨가 미래전자 편이란 걸 알면서도 경쟁사인 제이테크와 관련된 얘기를 늘어놓는 이유가 궁금해서요."

"그거야 제이테크와의 관계를 털어놓음으로써 앞으로 잘

해보자는 신호를 보내는 거 아닐까요? 자기 입으로 직접 제이테크를 거론하는 것보다 저를 통해서 간접적으로 상황을 전달하려는 의도인지도 모르죠."

"그건 그렇다 치고 해리스전자와 제이테크 사이에 또 다른 문제는 없었는지 궁금하네요."

"또 다른 문제라뇨?"

제니가 반문했다.

"마이클이 언급한 정도의 문제 때문에 제이테크와의 제휴를 포기했다는 것이 이해가 가질 않아서요. 제이테크에서 내세운 조건이 워낙 좋았거든요."

"물론 해리스전자와 제이테크 사이에 보다 중대한 문제가 있었을 수도 있지요. 하지만 신뢰를 중시하는 서양 사람들의 시각에서 보면 아무리 좋은 조건을 내세운다고 해도 소비자 반응을 조작하고 불량부품을 사용하는 상대를 제휴파트너로 삼기는 힘들 거예요."

"결국 뒤늦게 제이테크의 진면목을 확인한 해리스전자가 자신들이 내린 결정을 번복하고 미래전자와의 제휴를 결정하게 된 것으로 보아야 하겠네요."

"그게 정답일 거예요."

"아무튼 여러모로 고맙습니다."

"다 홍 대리님이 애쓴 덕분이지요. 어쨌든 미래전자로서는 좋은 기회를 잡았으니까, 잘 됐으면 좋겠어요."
"열심히 하겠습니다."
홍 대리가 군대식 어투로 말했다. 제니의 얼굴에 웃음이 번지는 것이 보이는 듯했다. 잠시 침묵이 흐른 후 제니가 말했다.
"현주하곤 잘 지내세요?"
느닷없는 질문이었다.
"네…… 그저……."
홍 대리가 즉시 대답을 하지 못하고 머뭇거리자 제니가 한마디 했다.
"잘 좀 해주세요. 현주가 많이 의지하는 눈치던데……."
"네."
얼떨결에 홍 대리가 말했다.
"그럼 바쁘실 텐데 이만 끊을게요. 뉴욕에 오시면 연락주세요."
제니가 먼저 전화를 끊었다. 전화통화를 마친 홍 대리의 머릿속에 많은 생각이 교차하였다. 무엇보다 해리스전자의 갑작스런 결정에 대한 의문이 풀린 것은 큰 소득이었다. 제이테크에 대한 해리스전자의 신뢰가 무너짐으로써 미래전자의 입장에서는 역전의 발판을 마련한 셈이었다.
아직 미래전자 자체브랜드에 대한 오더로까지 연결되지는

않았지만, 더 이상 제이테크의 존재를 두려워 할 필요가 없었다. 이제부터 제이테크와 제대로 된 승부를 펼칠 수 있게 된 것이다.

이 모든 것이 나 소장의 가르침이 있었기에 가능한 일이었다. 그 뿐이 아니었다. 제니를 연결시켜준 현주의 도움이 없었더라면, 해리스전자와의 거래는 시작조차 할 수 없었을 것이다. 홍 대리는 두 사람에게 큰 빚을 졌다는 생각이 들었다.

아버지와 딸

"오랜만에 교외로 나오니까 좋네."

현주의 목소리가 밝았다.

"공기가 다른 것 같지?"

홍 대리가 맞장구를 쳤다. 겉으론 태연한 척 했지만 홍 대리의 가슴은 사정없이 방망이질 쳤다. 현주를 처음 보았을 때 말 한 마디라도 나눠봤으면 소원이 없겠다고 생각했었다. 우연한 기회에 말을 트고 가볍게 눈인사를 나눌 정도가 됐을 때는 차 한 잔이라도 같이 했으면 좋겠다는 생각을 했었다. 회사 일을 핑계로 커피숍에서 만나고 나선 단 둘만의 드라이브를 꿈꿨었다.

그리고 바로 지금 꿈에 그리던 둘만의 드라이브에 나선 것이다. 홍 대리의 심장박동이 빨라질 수밖에 없었다.

"근데 어디로 가는 거야?"

현주가 물었다.

"근사한 데로 모실 테니 기대하라고."

홍 대리가 짐짓 여유를 부렸다. 몇 번을 망설인 끝에 드라이브를 제안했을 때 현주는 기다렸다는 듯이 한 번에 오케이를 했다. 행선지조차 묻지 않았다. 서울을 빠져 나와 교외로 접어들어서야 목적지가 궁금해진 모양이었다.

"해리스전자 건으로 신세 많이 졌어."

홍 대리가 화제를 돌렸다.

"신세라니?"

"제니 씨를 소개해주지 않았더라면 막막했을 거야."

"일은 잘 되고 있는 거야?"

"응. 이제야 제이테크와 제대로 붙어볼 수 있을 것 같아."

"……."

"제이테크의 허준표 사장이 우리 학교 동문이라고 하던데……."

홍 대리가 조심스레 허 사장 얘기를 꺼냈다.

"예전에 만났던 사람이야."

현주가 아무렇지도 않다는 듯이 말했다.

"처음부터 알고 있었어?"

"뭘?"

"미래전자의 경쟁업체가 허 사장이 이끄는 제이테크란 걸 말이야."

"처음엔 몰랐어. 미래전자와 제이테크의 관계는 제니가 알려준 거야. 미국 시장조사를 하다가 알게 됐다며."

"……."

"난 그저 선배가 하는 일이 잘 풀렸으면 했던 것뿐이야. 지금도 그렇고."

"아무튼 고마워."

현주는 더 이상 허 사장을 거론하고 싶지 않은 눈치였다. 잠시 어색한 침묵이 흘렀다.

"사실은……."

홍 대리가 조심스레 침묵을 깼다.

"지금 소장님한테 가는 중이야."

"……."

"미리 얘기하지 않아서 미안해."

"……."

"그동안 소장님을 뵈면서 뭔가 말 못할 사연이 있을 거라는 생각이 들었어. 소장님 같은 분이 오랫동안 가족을 돌보지 않았다면 그럴만한 이유가 있었을 거야."

현주는 끝내 아무런 말도 하지 않았다.

가평에 도착했을 때 나 소장은 집 안에 없었다.

"미리 말씀 드리지 않아서……."

홍 대리가 변명처럼 말했다. 현주는 말없이 집 주변을 둘러보았다. 출입구 쪽에 잡초가 무성했다. 나 소장에게 무슨 일이 있는 것일까? 걱정이 밀려왔다.

나 소장은 한참 후에야 나타났다. 산에 다녀오는 듯 등산복 차림이었다. 현주를 보자 놀라는 표정이 역력했다.

"네가 어쩐 일이냐?"

나 소장의 목소리가 가볍게 떨렸다.

"제가 같이 오자고 했습니다."

홍 대리가 나섰다.

"여기서 이럴 게 아니라 안으로 들어가세."

나 소장이 앞장서서 집으로 들어섰다.

"해리스전자 건은 잘 되가고 있나?"

자리에 앉자마자 나 소장이 물었다.

"소장님 덕분에 일이 잘 풀리고 있습니다. 저희 최종안이 받아들여졌고요. 잘하면 미래전자 자체브랜드의 수출도 가능할 것 같습니다."

"제이테크에서 가만히 있지 않을 텐데."

나 소장이 걱정스런 표정을 지었다. 홍 대리는 제이테크에 대한 해리스전자의 신뢰가 무너진 얘기를 늘어놓았다.

"그게 사실이라면 제이테크가 해리스전자의 신뢰를 회복하기는 어려울 걸세. 서양 사람들이 제일 싫어하는 것 중에 하나가 남을 속이는 것이거든. 특히 비즈니스 관계에서는 치명적이지."

"무역거래에서 가장 중요한 것이 서로 간의 신뢰인 것 같아요."

"그럼. 서로 다른 나라 사람들끼리 거래를 하는데 상대방을 믿을 수 없다면 좋은 관계를 유지할 수가 없지. 그러니까 무역을 잘하기 위해서는 무역 실무지식 못지않게 항상 정도를 걷는 마음가짐이 중요하네. 어느 분야에서든 천재보다는 인격적으로 성숙한 사람이 성공할 확률이 높다는 것을 잊지 말게."

"명심하겠습니다."

"현주는 어떻게 지냈니?"

나 소장의 시선이 현주를 향했다.

"별 일 없어요."

현주가 짧게 대답했다.

"소장님 얘기 좀 해주세요."

다시 홍 대리가 나섰다.

"무슨 얘기 말인가?"

"무역 일 하시던 얘기요. 대진실업이 망하고 나서 바로 독립하신 거예요?"

나 소장은 잠시 망설이다가 입을 열었다.

"아닐세. 그땐 독립할 엄두를 내지 못했지. 경험도 부족한데다 수중에 사업을 벌일만한 돈도 없었으니까. 막상 회사가 망하고 나니까 취직자리를 구하는 것도 쉽지 않았네. 결국 몇 달 놀다가 선배가 운영하는 조그만 오퍼상에 들어갈 수밖에 없었지."

"그럼 그 오퍼상에서 일하다가 독립하신 거예요?"

"그렇다네. 일부러 독립하려고 한 건 아니고 그 오퍼상이 갑자기 문을 닫는 바람에 어쩔 수 없이 독립을 하게 되었다네."

"독립해서 자리를 잡기까지 힘들진 않으셨어요?"

"왜 힘이 안 들었겠나. 내가 독립했을 때가 현주가 돌이 채 되지 않았을 땐데 한동안 벌이가 없어서 우윳값이 모자랄 정도였지. 난방도 제대로 되지 않는 월세 단칸방에서 추위에 떨기도 하고. 누구보다 현주 엄마 고생이 말이 아니었지. 결혼 전에 손에 물 한 번 묻히지 않았던 사람이 끼니 걱정까지 할 정도였으니 말일세."

나 소장은 오래 전의 아픈 기억이 되살아나는 듯 격한 감정을 드러냈다. 현주는 남의 일인 양 묵묵히 두 사람의 대화를 듣기만 했다.

"어쨌든 무역상으로 자리를 잡으셨잖아요. 무슨 계기나 비결이 있었나요?"

"특별한 계기나 비결은 없었네. 그냥 열심히 하다보니까 하나둘씩 거래가 성사된 거지. 시간도 많이 걸렸고."

나 소장은 무역상으로 자리를 잡기까지의 과정을 의외로 담담하게 말했다.

"무역 일을 하면서 힘든 적은 없으셨어요?"

홍 대리의 질문이 이어졌다.

"왜 없었겠나?"

나 소장이 기다렸다는 듯이 말했다. 나 소장은 잠시 뜸을 들이고 나서 말을 이었다.

"무역 일을 하다보면 이런저런 문제에 부딪치게 마련이네. 무역 일을 하면서 아무런 문제가 없다는 건 그만큼 거래가 활발하지 않다는 뜻일 수도 있네. 근데 내 경우엔 문제가 여간 심각한 것이 아니었네. 다시 떠올리기가 끔찍할 정도로 말일세."

나 소장의 표정이 굳어졌다.

"어떤 문제였는데요?"

홍 대리가 궁금해 하는 표정으로 물었다.

"얘기가 좀 긴데……."

나 소장이 머뭇거렸다.

"말씀해 주세요."

잠자코 듣기만 하던 현주가 끼어들었다.

"저도 듣고 싶어요."

현주가 진지한 표정을 지었다. 나 소장은 숨을 한 번 크게 내쉬고 나서 천천히 입을 열었다.

"내가 무역상으로 자리를 잡기까지는 많은 시간이 필요했네. 우여곡절도 많았고. 하지만 진짜 큰 문제는 무역상으로 어느 정도 자리를 잡고 사업을 확장할 즈음에 발생했네."

나 소장의 말투는 여전히 홍 대리를 겨냥하고 있었다.

"상대는 바로 내가 무역상으로 자리를 잡는 데 결정적인 기여를 한 바이어였네. 파나마를 무대로 중계무역을 하는 바이어였지. 처음엔 별 기대를 안 하고 소액거래부터 시작했는데 지속적으로 거래규모가 늘어나더니 결국 나의 가장 큰 무역파트너가 되었네."

"그런 바이어하고 무슨 문제가 생긴 거예요?"

홍 대리가 다음 얘기를 재촉했다.

"처음에는 신용장방식으로 거래를 했는데 거래가 늘어나자 바이어 측에서 사후송금방식의 거래를 제안했네."

나 소장은 잠시 현주의 눈치를 살폈다. 무역용어들이 튀어나와서 현주가 이해하지 못할까 걱정이 되는 모양이었다. 현주가 괜찮다는 눈짓을 보내자 나 소장이 말을 이었다.

"워낙 오랫동안 큰 문제없이 거래를 했던 바이어라 선뜻 제안을 받아들였지. 그러고도 몇 년 동안 아무 문제없이 거래를 계속했네. 결제방식을 사후송금방식으로 바꾸니까 은행수수료도 아낄 수 있고 서류작업도 간편해져서 진작 바꿀걸 하는 후회가 될 정도였지. 문제는 결제방식을 바꾼 후 3년 정도 지나서 발생했네. 대금결제가 조금씩 미뤄지더니 순식간에 엄청난 미수금이 쌓이게 된 거네."

"미수금이 쌓였다는 건 한 건이 아니라 여러 건의 대금결제가 이뤄지지 않았다는 건가요?"

홍 대리가 물었다.

"그렇다네."

"대금결제가 이뤄지지 않으면 다음 오더의 선적이 중단되는 거 아닌가요? 여러 건의 대금결제가 이뤄지지 않았다는 게 이해가 안 돼요."

"그건 결제시점을 어떻게 합의하느냐에 따라 달라지네. 사후송금방식의 경우 송금시점이 선적 직후가 될 수도 있고 일정기간이 경과한 후도 될 수 있기 때문이지. 대개 처음에는 결제시점을 짧게 잡다가 시간이 지남에 따라 결제기간이 늘어나기 마련이네. 내 경우에도 바이어의 요청에 따라 결제기간을 조금씩 연장해 주다가 문제가 발생할 당시에는 선적 후 3개월 후에 결제하는 조건으로 거래를 하고 있었네."

"그러니까 마지막 3개월 동안 선적한 오더에 대한 대금결제가 모두 이뤄지지 않은 거네요?"

"그렇지."

"미수금 규모가 어느 정도였나요?"

"정확한 액수는 기억나지 않지만 당시로서는 어마어마한 액수였네. 일부러 그랬는지 몰라도 갑자기 오더규모가 늘어났었거든."

"바이어가 의도적으로 부도를 낸 건가요?"

"그건 확실치 않네. 나중에 들은 얘기로는 다른 사업에 투자하다가 실패했다고 하더군."

"미수금은 어떻게 처리했나요?"

"처리하고 말 것도 없이 고스란히 내가 떠안고 말았지."

"바이어한테 받아낼 방법이 없었나요?"

"일부라도 받아내려고 애를 썼지만 바이어가 한 푼도 없다고 나자빠지는데 별 도리가 없었네. 바이어를 믿고 변변한 계약서 한 장 제대로 작성하지도 않았으니 어디다 하소연할 데도 없었지."

"타격이 컸겠네요."

"큰 정도가 아니었지. 외상으로 구입한 물품대금이 고스란히 빚으로 남아서 하루아침에 빚더미에 앉게 되었네."

"그래서 어떻게 하셨어요?"

홍 대리가 다시 한 번 다음 얘기를 재촉했다. 현주도 다음 얘기가 궁금한 듯 자리를 고쳐 앉았다. 나 소장은 잠시 호흡을 가다듬고 나서 말을 이었다.

"사무실을 처분하고 그동안 근근이 모아두었던 돈에다 여기저기 손을 벌려서 돈을 마련했지만 빚에서 해방될 수가 없었네. 그동안 물건을 공급해주던 공장에서도 등을 돌리고 더 이상 재기의 희망이 보이지 않았지. 한동안 고민을 거듭하던 나는 일단 한국을 떠나기로 했네."

"한국을 떠나다니요?"

"더 이상 우리나라에서 버틸 수 없는 상황이었네. 재기할 엄두도 낼 수 없었고."

"그래서 어디로 갔나요?"

홍 대리가 다그쳐 물었다.

"잠깐만요."

다시 한 번 현주가 끼어들었다.

"그때가 내가 막 고등학생이 되었을 때 아니에요?"

현주의 시선이 나 소장에게로 향했다.

"맞다."

"그때 홍콩으로 가면서 사무실을 옮기는 거라고 했잖아요. 사업을 확장한다고 하면서."

"그렇게 말했었지. 하지만 그건 사실이 아니다. 너와 네 엄마를 걱정시키지 않으려고 거짓말을 한 거지. 그때 난 빈털터리였고 비행기 표를 살 돈조차 없었다. 여기저기 손을 벌려서 간신히 비행기 삯을 마련해서 무작정 홍콩으로 떠났지. 하지만 당장 숙식을 해결할 방법이 없었다. 며칠 동안 공원에서 잠을 자고 쓰레기통을 뒤져서 허기를 채웠지. 그야말로 거지가 따로 없었다."

나 소장의 목소리가 떨리기 시작했다. 동시에 현주의 호흡이 빨라졌다. 상상도 하지 못했던 얘기가 나 소장의 입에서 흘러나오고 있었던 것이다.

"더 이상 버틸 수 없는 지경이 돼서야 모 기관의 홍콩지사장으로 나와 있던 선배를 찾아갔다. 선배는 두말없이 적지 않은 돈을 내 손에 쥐어주며 말했지. 이 돈이 떨어질 때까지 방법을 찾지 못하면 돌아가라고. 그때 난 결심했다. 완전히 재기할 때까진 돌아가지 않겠다고."

"그래서 3년이나 지나서 돌아온 거예요?"

현주가 원망이 담긴 목소리로 말했다.

"아무런 연고도 없는 타지에서 자리를 잡는다는 것이 쉬운 일이 아니었다. 선배한테 받은 돈으로 당분간 먹고 살 걱정은 덜었지만 사업자금으로 삼기에는 턱없이 모자랐다. 난 하루라도 더 오래 버티려고 노숙자 생활을 계속하면서 사업거리를 찾아 나섰다. 솔직히 말하면 그때 집에 돌아올 생각을 할 겨를이 없었다. 당장 살아남는 게 급했으니까."

"그런 얘길 왜 지금에야 하시는 거예요? 엄마와 난, 아빠가 사업에 미쳤거나 다른 여자가 생겨서 가족들을 돌보지 않는다고 생각했잖아요. 생활비를 보내주기는커녕 연락조차 제대로 하지 않는 아빠의 무심함 때문에 얼마나 마음에 큰 상처를 입었는지 아시냐고요? 그때 아빠가 그 정도로 힘든 줄 알았으면……."

현주는 끝내 감정이 북받쳐서 말을 맺지 못했다.

"그건 내 자존심이 허락하지 않았다. 무역 일을 하는 걸 항상 자랑스럽게 생각하던 내가 무역 때문에 모든 걸 잃었다는 사실을 인정하기가 싫었다. 그때 나에겐 모든 것이 최악의 상황이었다. 사업을 재개할 엄두도 내지 못했고 건강상태 또한 최악이었다. 그런데도 버틸 수 있었던 건 오로지 가족 때문이었다. 너와 네 엄마를 위해서라도 반드시 재기해야만 한다고 생각했다."

나 소장은 잠시 말을 멈추고 호흡을 가다듬은 후에 말을 이었다.

"처음엔 한 1년 정도만 고생하면 될 줄 알았지. 그러다 3년이 훌쩍 지나간 거다. 자리를 잡는 대로 연락하려고 했는데 그게 맘대로 되질 않았다. 나중엔 진작 연락을 하지 못한 것이 미안해서 연락할 엄두를 못 낸 거고. 3년 후에 귀국했을 때 네 엄만 이미 깊은 병에 걸려있었다. 난 차마 사업이 망해서 홍콩으로 도피한 거라는 얘기를 꺼낼 수가 없었다. 병마와 싸우는 네 엄마를 볼 때마다, 하나뿐인 딸이 나를 외면할 때마다 나 자신이 점점 더 미워지기 시작했다. 가장으로서 가족들을 챙기지 못한 죄책감에 잠을 이룰 수가 없었다. 네 엄마가 세상을 떠나고 너를 미국으로 떠나보내면서 난 다짐했다. 남은 인생을 속죄하는 마음으로 살아가겠다고."

나 소장은 그동안 묻어두었던 얘기를 피를 토하듯이 쏟아냈다. 입가에는 작은 경련이 일었다. 현주가 흐느끼기 시작했다.

"나를…… 용서할 수 있겠니?"

나 소장이 울먹이며 말했다. 현주가 말없이 나 소장을 끌어안았다. 두 사람은 한참 동안이나 서로 얼싸안은 팔을 풀려고 하지 않았다.

나 소장의 집에서 출발한 지 한참이 지나도록 두 사람은 아무 말도 하지 않았다. 홍 대리가 켜놓은 FM에서는 귀에 익은 팝송과 세미클래식 연주곡이 번갈아 흘러나왔다. 두 사람은 음악을 듣는 척하며 각자의 생각에 빠져들었다.

현주의 머릿속에는 아빠의 충격적인 고백의 여운이 그대로 남아있었다. 사업에 실패하고 이역만리 타국 땅에서 재기를 위해 몸부림쳤을 아빠의 모습이 선명하게 그려졌다. 그런 아빠를 오해하고 멀리했다는 사실이 후회스럽기만 했다. 오랜만에 만난 아빠는 눈에 띄게 야위어 있었다. 아빠의 얼굴이 떠오를 때마다 아빠와 오해를 풀 수 있도록 자리를 마련해 준 홍 대리의 배려가 고마웠다.

"고마워, 선배."

차가 고속도로에 접어들자 현주가 침묵을 깨고 말했다.

"고맙긴."

홍 대리가 기다렸다는 듯이 말했다. 또 다시 침묵이 이어졌다. 홍 대리의 머릿속에는 우여곡절 끝에 해리스전자와의 제휴가 성사되었을 때의 감격이 되살아났다. 무역에 문외한이었던 홍 대리의 입장에서 나 소장의 가르침과 현주의 도움이 없었더라면 미국시장 진출의 발판을 마련한다는 건 불가능했을 것이다. 홍 대리는 정작 고마워해야 할 사람은 자신이라고 생각했다.

FM에서는 폴 모리아 악단이 연주하는 이사도라가 흘러나왔다. 언제 들어도 감미로운 선율이지만 오늘따라 촉촉하게 온몸에 젖어드는 것 같았다. 홍 대리는 시선을 돌려 현주를 쳐다보았다. 현주는 여전히 깊은 생각에 빠져있었다. 여느 때 같았으면 곤혹스러울 만큼 긴 침묵이 이어졌지만 홍 대리의 마음은 편안했다. 좋은 사람과 좋은 음악 때문이리라.

밖에는 밤안개가 자욱했다. 홍 대리는 속도를 줄이고 조심스레 차를 몰았다. 가로등 불빛 사이로 늦가을의 풍경들이 아스라이 스쳐 지나갔다. 홍 대리는 이대로 끝없이 달렸으면 좋겠다고 생각했다.

에필로그

무신(貿神)의 탄생

"다들 모였나?"

이종국 부장이 큰 소리로 말했다. 미국시장 진출에 성공한 후로 이 부장의 목소리에 부쩍 힘이 들어가기 시작했다.

"지금부터 우리 영업부의 조직개편안을 발표하겠습니다."

이 부장은 좌중을 한 번 둘러보고 나서 입을 열었다.

"그동안 운영되던 영업 1팀과 영업 2팀 외에 새로 영업 3팀을 신설하기로 했습니다. 신설되는 영업 3팀에서는 해외영업을 전담할 것입니다. 영업 3팀 팀장에는 홍석진 대리가 내정되었습니다."

누구나 예상했던 내용이었다. 더 이상 홍 대리 혼자서 해외영업 업무를 처리할 수 없는 상황이었다. 문제는 당장 해외영업을 담당할 사람을 어떻게 뽑느냐 하는 것이었다.

"영업 3팀에는 누가 들어가나요?"

방 대리가 물었다.

"그건 아직 결정되지 않았네."

최 차장이 말하고 나서 이 부장을 쳐다보았다. 동의를 구하는 제스처였다. 이 부장이 고개를 끄덕였다. 사사건건 대립하던 두 사람이 눈짓을 주고받는 모습이 보기 좋았다.

"이왕이면 저희 영업부 직원 중에서 뽑았으면 합니다."

잠자코 있던 홍 대리가 입을 열었다.

"하지만……."

방 대리가 끼어들었다.

"해외영업을 하려면 무역에 대해서 알아야 하지 않습니까? 지금 영업부 직원 중에서 무역에 대해서 아는 사람이라곤 홍 대리밖에 없는데."

"그건 걱정하지 않아도 됩니다. 저도 이 일을 맡기 전에 무역에 대해서 아무 것도 모르는 사람이었습니다. 무역은 이론이 아니라 실전입니다. 누구나 마음만 먹으면 무역을 할 수가 있습니다."

"무역 일이야 홍 대리한테 배우면 될 테니까 희망자는 이번 주말까지 얘기하게."

최 차장이 마무리를 지었다.

"참, 해리스전자와의 자체브랜드 오더 건은 어떻게 진행되고 있나?"

이 부장이 홍 대리를 보고 물었다.

"곧 좋은 소식이 있을 것 같습니다."

홍 대리가 밝은 목소리로 대답했다.

"정말 아무나 무역을 할 수 있는 거야?"

자리로 돌아 온 방 대리가 진지한 표정으로 홍 대리에게 물었다.

"그럼. 방 대리도 원한다면 얼마든지 할 수 있어. 왜 관심 있어?"

"나보다도 임 주임이 관심 있어 하는 것 같아서."

"임 주임이?"

홍 대리가 방 대리를 쳐다보았다. 방 대리가 당황한 표정을 지었다.

"실은 할 얘기가 있어."

"무슨?"

"그게……."

방 대리가 뜸을 들였다.

"방 대리답지 않게 웬 뜸을 그리 들여?"

"실은…… 임 주임과……."

"뭐?"

홍 대리가 방 대리의 등을 세게 내려쳤다.

"이 친구 정말 너무 하네. 나까지 감쪽같이 속이다니."

"미안하게 됐어. 진작 말하려고 했는데 임 주임이 한사코 말리는 통에."

"그래. 날짜는 잡은 거야?"

"여기……."

방 대리가 겸연쩍어 하며 슬그머니 청첩장을 내밀었다.

"도대체 무슨 수로 임 주임 마음을 잡은 거야?"

"그냥 해병대 정신으로 밀어붙였지."

"안 되면 될 때까지? 하하."

홍 대리가 환하게 웃었다.

연말을 얼마 앞둔 월요일 아침, 미래전자 회의실에서는 과장급 이상 전 직원이 참석한 가운데 한 해를 마무리 짓는 결산회의가 열렸다.

"오늘은 기쁜 소식부터 전하겠습니다."

여느 때처럼 회의를 주재하는 최 전무가 말문을 열었다. 참석자들은 관심을 가지고 최 전무의 다음 발언을 기다렸다. 기쁜 소식이라니. 연말보너스라도 두둑하게 준단 말인가. 참석자들이 수군거렸다. 최 전무는 잠시 장내가 조용해지기를 기다렸다가 입을 열었다.

"기쁜 소식이란 해리스전자로부터 미래전자 자체브랜드에 대한 주문이 도착했다는 겁니다."

최 전무의 말이 끝나기 무섭게 회의실 전체가 술렁거렸다. 최 전무의 발언이 계속됐다.

"이로서 제이테크와의 무역전쟁에서 승리할 수 있는 발판을 마련했습니다. 해리스전자는 미국 내 시장점유율 1위 업체로서 해리스전자에 자체브랜드를 수출한다는 것은 미국시장에 본격적으로 진출한다는 것을 의미합니다. 미국시장의 규모는 우리나라 시장과는 비교할 수 없을 정도로 큽니다. 이제 첫 발을 내딛는 단계지만 앞으로 우리 제품이 글로벌 브랜드로 자리 잡는 데 큰 힘이 될 것입니다."

최 전무는 회의실을 한 번 둘러보더니 말을 이었다.

"오늘이 있기까지 어려운 여건을 극복하고 혼자 힘으로 해외시장을 개척한 '무역의 신'을 소개합니다."

최 전무가 홍 대리에게 눈짓을 했다. 홍 대리가 자리에서 일어서자 회의실이 떠나갈 듯한 박수소리가 울려 퍼졌다. 홍 대리가 상기된 표정으로 입을 열었다.

"과분한 말씀에 몸 둘 바를 모르겠습니다. 제이테크와의 무역전쟁은 끝난 것이 아니라 이제부터 시작이라고 생각합니다. 여러분도 아시다시피 저는 원래 국내영업 담당이고, 무역의 '무'자도 모르는 사람이었습니다. 무역에 문외한이었던 제가 감히 해외시장을 개척해 보겠다고 나설 수 있었던 것은 훌륭한 스승님을 만났기 때문입니다. 그 분은 바로 이론과 실전을 겸비한 국내 최고의 무역전문가 나승환 소장님입니다. 제가 소장님으로부터 배운 것은 단순한 무역지식만이 아닙니다. 그분이 수십 년 동안 무역현장에서 일하면서 체험한 소중한 경험을 배우지 못했다면 감히 제이테크와의 무역전쟁에 나설 엄두도 내지 못했을 것입니다."

홍 대리는 잠시 호흡을 가다듬은 후 말을 이었다.

"나 소장님께서는 무역현장에서 실무지식보다 더 중요한 것이 상대방의 입장에서 상대방의 마음을 읽고 상대방의 마음을 움직이는 것이라고 했습니다. 무역도 결국은 사람과 사람 간의 거래이기 때문입니다. 모든 인간관계에서 그렇듯이 진심을 다하면 어떤 사람의 마음도 움직일 수 있다고 생각합니다. 진심을 다해서 열심히 일하겠습니다. 감사합니다."

회의실에는 다시 한 번 열화와 같은 박수갈채가 터져 나왔다. 홍 대리가 고개를 숙여 고마움을 표시했다. 박수소리는 여간해선 그칠 것 같지 않았다.

〈끝〉

맺음말

무역에 관심 있는 사람들이 궁금해 하는 것 중에 하나가 무역거래가 실제로 어떤 과정을 거쳐서 어떻게 진행되며 그 과정에서 어떤 일들이 일어나느냐 하는 것이다. 무역현장에서 사용하는 용어나 무역절차 등은 무역실무 책을 통해서 쉽게 접할 수 있으나, 아무리 무역 공부를 열심히 해도 실제로 무역거래가 이루어지는 현장의 모습을 그려보는 것은 쉽지 않다.

이 책은 무역입문자들에게 무역현장의 생생한 모습을 전달하는 데 주안점을 두고 쓴 것이다. 그러기 위해서 무역에 문외한인 가상의 주인공을 내세워서 무역현장에서 깨지고 부딪치면서 무역의 신으로 변모하기까지의 과정을 소설의 형식으로 담아냈다.

이 책에 소개된 사례 및 이야기는 대부분 내가 직접 경험하거나 주변에서 전해들은 이야기를 바탕으로 구성한 것이다. 물론 소설이니만큼 구체적인 스토리는 허구로 지어낸 것이다. 또한 소설 속에 등장하는 대진그룹 사태는 율산그룹의 흥망사를 바탕으로 쓴 나의 전작(前作)《진실》에서 따온 것임을 밝혀둔다.

이 책에는 무역에 문외한인 독자들의 이해를 돕기 위해서 기본적인 무역용어나 절차에 대한 해설을 포함시켰지만, 소설의 흐름이 깨지지 않도록 최소한의 설명에 국한시켰다. 따라서 무역실무의 전체적인 내용을 공부하기 위한 목적이라면 이 책과 더불어《무역왕 김창호》나《이기찬 무역실무》를 읽어 볼 것을 권한다.

오랫동안 무역현장에서 일해 본 경험에 의하면 무역 일을 할 때 무역용어나 절차에 대한 실무지식 못지않게 중요한 것이 무역현장에 대한 이해와 문제해결 능력이다. 이 책은 무역실무 지식보다는 무역현장을 좀 더 쉽게 이해하고 문제해결 능력을 기르는 데 도움을 주기 위한 목적으로 쓴 것이다.

애당초 이 책은 무역입문자들을 대상으로 썼지만 무역과 직접적인 관련이 없는 일반 독자들에게도 읽는 재미를 선사할 것으로 기대한다. 그만큼 무역현장의 모습은 다이내믹하고 변화무쌍하기 때문이다. 이 책을 계기로 무역현장을 배경으로 한 좀 더 다양한 비즈니스 소설이 탄생하기를 기대해 본다.

끝으로 이 책은 2010년에 출간된 《무역천재가 된 홍 대리》를 수정 보완하여 새로 출간된 것임을 밝혀둔다. 이 책을 처음 출간했던 출판사와의 출판권 계약이 만료되어 새로운 출판사에서 새로운 제목으로 출간하게 되었다. 독자 여러분의 성원과 격려 부탁드린다.

부록

한눈에 파악하는 무역실무

무역업무의 흐름

무역을 하기 위해서는 아이템과 거래처를 개발해서 무역 거래에 따르는 제반 조건에 합의해야 한다. 이때 거래 당사자 간에 합의하는 조건을 계약조건이라고 하며, 모든 계약조건에 합의하는 것을 계약이라고 한다.

일단 계약이 체결되면 수출자는 계약된 내용대로 물건을 준비해서 수입자에게 보내주어야 한다. 또한 운송 도중에 발생하는 사고에 대비하기 위해서 적하보험에 가입해야 하며, 물건이 국경을 넘어갈 때 통관절차를 거쳐야 한다.

이 중 운송, 보험, 통관관련 업무는 각각 포워더, 보험회사, 관세사에서 대신 처리해 주므로 무역업무의 핵심은 아이템과 거래처를 개발해서 계약조건에 합의하는 것이라고 할 수 있다.

해외거래처 개발방법

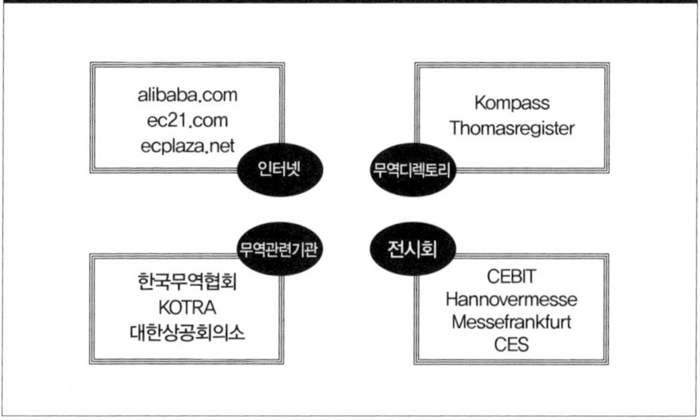

해외거래처는 인터넷 무역거래 알선 사이트나 KOMPASS와 같은 무역 디렉토리를 활용해서 개발할 수 있다.

인터넷 무역거래 알선사이트란 인터넷상에서 수출자와 수입자를 연결시켜 주는 사이트를 뜻하며, 무역 디렉토리란 전 세계의 제조업체 및 무역업체의 정보를 모아서 책으로 편집해 놓은 것을 뜻한다. 무역 디렉토리는 한국무역협회나 KOTRA 자료실에서 열람할 수 있다.

이밖에도 국내외 무역 관련 기관에서 제공하는 무역거래 알선 서비스나 무역상담회 등을 통해서 해외거래처를 개발할 수 있으며, 전 세계 각국에서 개최되는 유명전시회를 통해서 해외거래처를 개발할 수 있다.

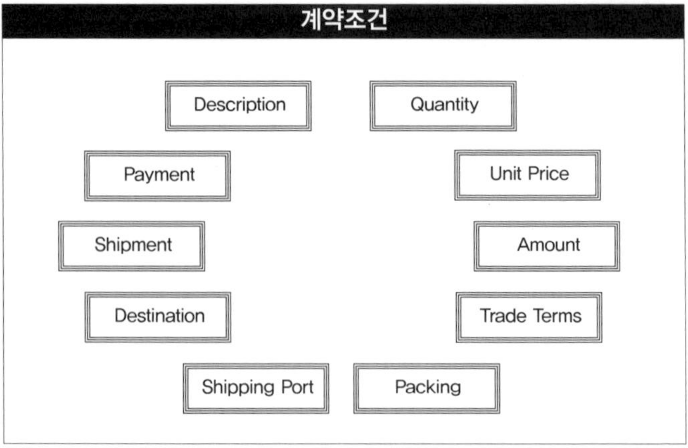

아이템과 해외거래처가 정해지면 무역거래에 따르는 제반 조건들을 협의해서 합의해야 한다. 이때 합의해야 하는 조건을 계약조건이라고 한다. 일반적인 무역거래에서 합의해야 할 주요 조건으로는 품명(description), 수량(quantity), 단가(unit price), 총액(amount), 거래조건(trade terms), 포장방식(packing), 선적항(shipping port), 목적지(destination), 선적기일(shipment), 결제방식(payment) 등이 있다.

거래조건

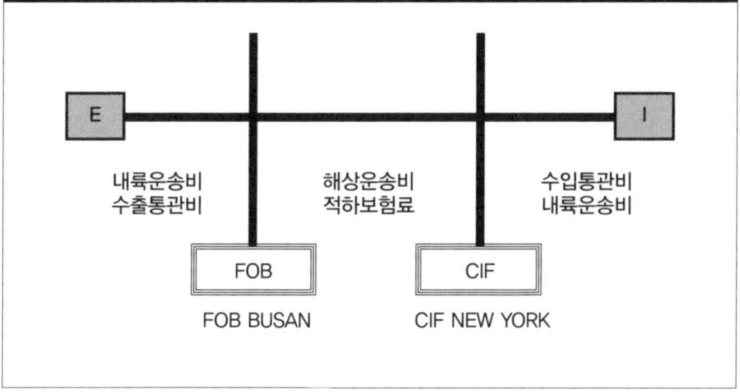

거래조건이란 가격을 정하는 조건을 뜻하며, 계약조건 중에서도 가장 중요한 조건 중에 하나이다. 국제상업회의소(ICC : International Chamber of Commerce)에서 제정한 Incoterms에서는 모두 11가지 정형거래조건에 대해서 규정하고 있으나 일반적인 무역거래에서는 주로 FOB와 CIF가 사용된다.

FOB는 'Free On Board'의 약자로서 물건이 선적항에서 선박에 선적될 때까지 발생하는 비용을 가격에 포함시킨 조건이며, FOB Busan 조건이라고 하면 부산항에서 물건을 실을 때까지의 비용이 포함된 조건을 뜻한다.

CIF는 'Cost, Insurance and Freight'의 약자로서 FOB조건의 비용에다 도착항까지의 보험료와 운임을 포함시킨 조건이며, CIF New York이라고 하면 물건이 뉴욕항에 도착할 때까지의 비용이 포함된 조건을 뜻한다.

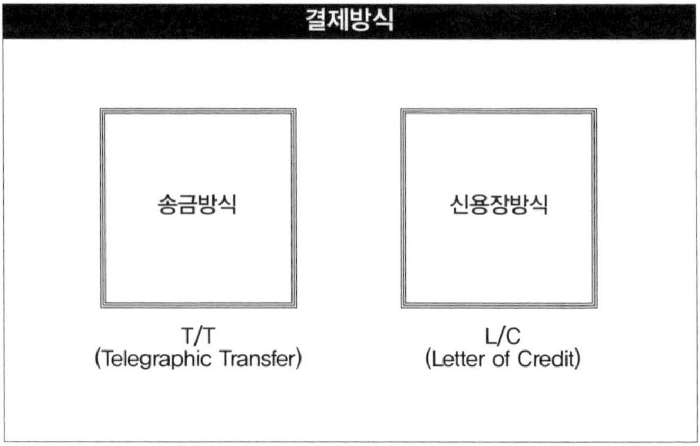

일반적인 무역거래는 주로 송금방식이나 신용장방식으로 대금이 결제된다. 송금방식이란 수출자가 지정하는 계좌로 수출대금을 송금하는 방식으로써 간편하게 수출대금을 주고받을 수 있으나, 수출자는 수출대금이 입금된 후에 물건을 선적하길 원하고 수입자는 물건을 받고 송금하길 원하기 때문에 송금시기를 합의하기가 쉽지 않다.

이런 문제를 해결하기 위해서 사용하는 것이 신용장이다. 신용장방식이란 수입자의 요청에 따라 수입자의 거래은행에서 대금지급을 확약하는 신용장을 개설하고, 수출자는 신용장에 명시된 물건을 선적한 후 신용장에서 요구하는 서류를 제출하고 대금을 지급받고, 수입자는 개설은행에 대금을 지급하고 선적서류를 인도받아서 물건을 인수하는 방식이다.

PROFORMA INVOICE			
Description		Quantity	Unit Price
		CIF New York	
MP3 Players	10,000Ea	US$10.00	US$100.000

Packing : Export standard packing
Shipping Port : Busan, Korea
Destination : New York
Shipment : Within one month after receipt of L/C
Payment : By an irrevocable L/C at sight

거래조건 및 결제방식을 포함한 모든 계약조건에 합의가 이루어지면, 수출자는 합의된 계약조건을 명시한 proforma invoice를 발행해서 수입자에게 보내준다. 수입자는 이들 서식의 내용을 확인한 후 합의한 결제방식에 따라 대금을 송금하거나 거래은행에 신용장 개설을 요청한다.

선적서류

- Commercial Invoice
- Packing List
- B/L(Bill of Lading)
- AWB(Air Waybill)
- Insurance Policy
- Certificate of Origin

수출자는 대금을 송금 받거나 신용장을 접수한 후 계약된 물건을 준비해서 선적하고 바이어가 요구하는 선적서류를 준비해서 제출한다. 선적서류에는 수출자가 발행하는 상업송장(commercial invoice) 및 포장명세서(packing list)와 운송업체에서 발행하는 선하증권(bill of lading) 또는 항공운송장(air waybill) 등이 있다.

또한 거래조건이 CIF 조건일 경우에는 보험회사에서 발행하는 보험증권(insurance policy)이 필요하고, 바이어의 요청에 따라 원산지증명서(certificate of origin)가 필요할 수도 있다.

신용장 업무의 흐름

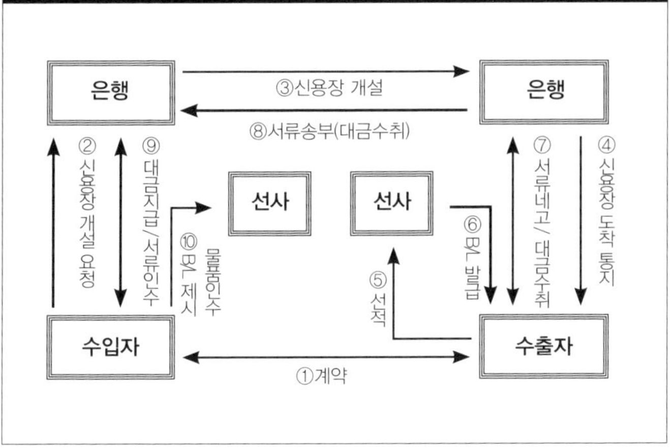

신용장 업무의 흐름은 위의 그림과 같다. 즉 수출자와 수입자 간에 계약이 이루어지면 수입자는 자신의 거래은행에 신용장 개설을 요청한다. 수입자의 거래은행에서는 수입자의 요청에 따라 신용장을 개설해서 수출자의 거래은행으로 보내고, 수출자의 거래은행에서는 수출자에게 신용장 도착을 통지한다.

수출자는 신용장에 명시된 물건을 준비해서 선적한 후 선박회사 또는 포워더로부터 선하증권(B/L)을 발급받아 신용장에서 요구하는 다른 서류(상업송장, 포장명세서 등)와 함께 자신의 거래은행에 제출하고 신용장 대금을 지급받는다. 수출자의 거래은행은 수출자로부터 매입한 선적서류를 수입자의 거래은행인 개설은행에 발송하고, 개설은행으로부터 대금을 지급받는다.

수입자의 거래은행인 개설은행에서는 수입자에게 선적서류가 도착했음을 알리고 수입자로부터 신용장 대금을 수령한 후 선적서류를 수입자에게 인도한다. 수입자는 인수한 선적서류 중 선하증권(B/L)을 선박회사에 제출하고 물건을 인수한다.

수출입절차

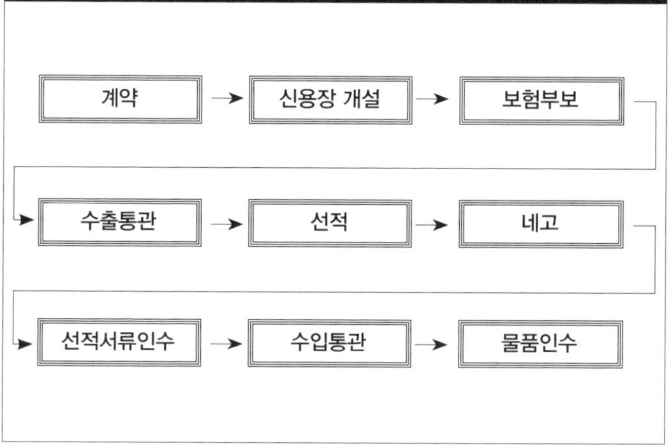

일반적인 무역거래의 수출입절차는 위의 그림과 같다. 이 중 운송 · 보험 · 통관 업무는 각각 포워더, 보험회사, 관세사에서 업무를 대신 처리해 주고, 신용장 관련 업무는 거래은행의 도움을 받아 처리할 수 있다. 따라서 해외거래처를 개발하고 상담을 통해서 모든 계약조건에 합의할 수만 있다면 누구나 무역을 할 수 있다.

무역의 신

초판 1쇄 발행 | 2015년 6월 20일
초판 8쇄 발행 | 2019년 2월 20일

지은이 | 이기찬(KeeChan Lee)
펴낸이 | 최점옥(JeomOg Choi)
펴낸곳 | 중앙경제평론사(Joongang Economy Publishing Co.)

대　표 | 김용주
편　집 | 한옥수 · 유라미
디자인 | 박근영
마케팅 | 김희석
인터넷 | 김회승

출력 | 현문자현 종이 | 에이엔페이퍼 인쇄 | 현문자현 제본 | 은정제책사

잘못된 책은 구입한 서점에서 교환해드립니다.
가격은 표지 뒷면에 있습니다.

ISBN 978-89-6054-145-0(03320)

등록 | 1991년 4월 10일 제2-1153호
주소 | ㊐ 04590 서울시 중구 다산로20길 5(신당4동 340-128) 중앙빌딩
전화 | (02)2253-4463(代) 팩스 | (02)2253-7988
홈페이지 | www.japub.co.kr 블로그 | http://blog.naver.com/japub
페이스북 | https://www.facebook.com/japub.co.kr 이메일 | japub@naver.com
♣ 중앙경제평론사는 중앙생활사 · 중앙에듀북스와 자매회사입니다.

※ 이 도서의 국립중앙도서관 출판시도서목록(CIP)은 서지정보유통지원시스템 홈페이지(http://seoji.nl.go.kr)와
국가자료공동목록시스템(http://www.nl.go.kr/kolisnet)에서 이용하실 수 있습니다.(CIP제어번호: CIP2015013424)